白俄语视听说基础教程

余 源 [白俄罗斯] 奥莉加·鲍里先科 [白俄罗斯] 奥莉加·普里贡 ◎ 编著

Падручнік. Аўдыяванне

图书在版编目(CIP)数据

白俄语视听说基础教程 / 余源, (白俄罗斯) 奥莉加·鲍里先科, (白俄罗斯) 奥莉加·普里贡编著. — 北京：北京大学出版社, 2024.10

（新丝路·语言）

ISBN 978-7-301-35241-0

Ⅰ. H742

中国国家版本馆CIP数据核字第2024BJ0596号

书　　　名	白俄语视听说基础教程 BAIEYU SHI TING SHUO JICHU JIAOCHENG
著作责任者	余　源 ［白俄罗斯］奥莉加·鲍里先科（В. Барысенка）　编著 ［白俄罗斯］奥莉加·普里贡（В. Прыгун）
责任编辑	李　哲
标准书号	ISBN 978-7-301-35241-0
出版发行	北京大学出版社
地　　　址	北京市海淀区成府路205号　100871
网　　　址	http://www.pup.cn　　新浪微博：@北京大学出版社
电子邮箱	编辑部 pupwaiwen@pup.cn　　总编室 zpup@pup.cn
电　　　话	邮购部 010-62752015　发行部 010-62750672　编辑部 010-62759634
印　刷　者	大厂回族自治县彩虹印刷有限公司
经　销　者	新华书店 787毫米×1092毫米　16开本　10.25印张　250千字 2024年10月第1版　2024年10月第1次印刷
定　　　价	55.00元

未经许可，不得以任何方式复制或抄袭本书之部分或全部内容。
版权所有，侵权必究
举报电话：010-62752024　电子邮箱：fd@pup.cn
图书如有印装质量问题，请与出版部联系，电话：010-62756370

АЎТАРЫ

Юй Юань, кандидат филологических наук, профессор Сианьского университета иностранных языков.

Борисенко Ольга Владимировна, кандидат филологических наук, доцент Сианьского университета иностранных языков.

Прыгун Ольга Андреевна, магистр филологических наук.

(Юй Юань, кандыдат філалагічных навук, прафесар Сіянскага ўніверсітэта замежных моў

Барысенка Вольга Уладзіміраўна, кандыдат філалагічных навук, дацэнт Сіянскага ўніверсітэта замежных моў

Прыгун Вольга Андрэеўна, магістр філалагічных навук.)

ПРАДМОВА
前 言

2022年9月，中白两国发表《中华人民共和国和白俄罗斯共和国关于建立全天候全面战略伙伴关系的联合声明》，强调双方继续支持两国青年学习对方国家语言并扩大语言教学方面的合作。北京外国语大学、天津外国语大学、西安外国语大学作为目前国内已开设白俄语专业教学的三所学校，均面临着白俄语专业教学教材短缺的窘境。

编写视听说教材是提升学生在非语言环境中发展听说能力的关键，也是当前国内白俄语专业教学中需着力解决的难点和重点之一。西安外国语大学作为目前国内白俄语专业教学规模最大的单位，在积累了四年零起点白俄语教学实践经验的基础之上，以最新的教学理念为指导，采用现代化教学手段，选取贴近学生生活、难易程度适当、蕴含国情文化的新材料，编写了这部生动有趣的白俄语视听说基础教程。

本教程针对零起点白俄语专业中国学生编写，旨在培养学生理解日常交际主题下白俄罗斯有声言语的能力，同时重视学生语言运用和知识拓展等能力的发展，难度覆盖白俄语学习初级、基础级、一级三个水平等级，达到一级水平可实现与本族语者在日常生活领域和社会文化领域的交际。编者在本教程编写过程中充分考虑到视听说训练材料的科学性、实用性、文化性、趣味性，以及中国零起点学生的学习特点。

民族定位观是现代外语教学的一个重要理念，要求关注外语教学中的共性与个性问题。根据这一理念，外语教育者需根据教学对象所在国的文化传统和学习条件，选择恰当的教学策略。基于以上观点，本教程在选择和组织视听说语言材料时，充分考虑了汉语和白俄语的语言特点，考虑了中国学生的民族心理、文化传统以及已有的外语学习经验。

教材包括"相识""家庭""学习""工作""家居""做客""城市交通与旅行""身心健康"相关的八个日常交际主题单元。教材内容选择、结构设置、重难点分配是我们结合多年对外白俄语教学经验和这四年在西安外国语大学从事白俄语专业教学实践经验反复调整的结果。考虑到白俄语专业教材在中国国内的受众与出版成本，为保持教学内容的一贯性和延续性，本教程可供零起点一年级"白俄语听说"和二年级"俄白双语听说训练"两门课程所用。每单元的词汇部分为初级水平训练，对话部分为基础级水平训练，课文及课后国情文化补充材料为一级水平训练，具体操作可由各校老师根据本校教学实际和听说课的课时灵活掌握。教材编写遵从由简到难、循序渐进原则。通过练习，学生首先需要理解和记忆言语范例，理解主要信息和补充信息，理解说话人的交际目的、交际动机、社会行为特点，然后将所学言语结构结合言语礼节运用于真实的交际语境，实现视听说同步发展。

本教材的编写特色：

1）录音：教材中的音频材料分女声、男声、童声录制，便于学生模仿和了解不同社会角色的语音语调和交际特点。

2）内容：内容贴近当代中国学生进入白俄罗斯社会交际的真实情境。其中既有反映白俄罗斯当代生活和中白两国交流交往的内容，也有白俄罗斯经典诗歌、谚语、俗语或歌曲等蕴含民族文化个性的内容，这些内容既能增加教学的趣味性，又能提升学生的跨文化交际能力，同时润物无声地推进课程思政，引导学生树立正确的价值观和中白关系观。

3）素材：教材中所呈现的听力材料，除了编者根据学生学习程度和日常交际需要编写并亲自录制的材料外，还补充了选自白俄罗斯媒体的新闻、动画片、广告短片和音乐电视的视听材料片断。学生可通过讨论新闻、朗诵诗歌、模唱歌曲，了解白俄罗斯人的世界观和审美观，进一步完善语音语调。

4）练习：本教程是一部交互型教材，所设置练习旨在同时发展学生的听力、书写、阅读、口语表达能力，强化学生正确使用语法形式和主题词汇的能力。听说教学的最终目的是引导学生走向真实的口语交际，学生不仅要能够理解看到的和听到的内容，还要能够重复其中的言语结构，回答相应的问题，表达自己对所看、所听材料的观点。因此，教材除设置听力训练材料外，还设计了问答、仿编对话、

ПРАДМОВА
前言

角色扮演、独白讲述、陈述个人观点等练习，引导学生在完成语言输入练习的基础上，完成语言输出练习。练习可单独完成或以小组合作形式完成。

本教材文本内容之外附加的视频和音频材料可用于缺乏语言环境的外语教学，还可用于没有白俄罗斯外教的各阶段学习，因为教材内容的设置已囊括从掌握白俄语的语音、节律、语调到理解对话和独白语篇意义的全过程。教材中的教学资料较为丰富，如课堂教学学时不够，学生可独立完成课后练习。本教材也可供学生课外自学使用。

在编写过程中，我们借鉴了孙玉华教授团队主编的《俄语视听说基础教程》（北京大学出版社，2010年）的编写体例，在此向孙老师团队致以诚挚的敬意！教材在编写中还得到北京大学出版社李哲编辑的指导和帮助，在此一并表示感谢！

由于编者水平有限，疏漏和错误在所难免，诚挚希望使用本教材的师生向我们提出宝贵意见，来信可发至nina1977@126.com邮箱，编者将不胜感激。

编者
西安外国语大学
2022年10月

ЗМЕСТ
目 录

МОДУЛЬ 1 ЗНАЁМСТВА. "Калі ласка","дзякуй", "добры дзень" – ветлівыя словы чую ад людзей…" 相识："请""谢谢""你好"—— 礼貌用语 / 1

МОДУЛЬ 2 СЯМ'Я. Па гнязду відаць, якая птушка. 家庭：观巢知鸟 / 17

МОДУЛЬ 3 ВУЧОБА. Навука для чалавека як сонца для жыцця. 学习：科学之于人，如同阳光之于生命 / 33

МОДУЛЬ 4 ПРАЦОЎНЫ ДЗЕНЬ. Дрэва славіцца пладамі, а чалавек працаю. 工作日：树以果实闻名，人以工作闻名 / 51

МОДУЛЬ 5 ДОМ, КВАТЭРА. У гасцях добра, а дома лепш. 家、房子：金窝银窝，不如自己的土窝 / 67

МОДУЛЬ 6 СВЯТЫ, ГОСЦI. Госці ў хату – гаспадар багаты. 圣人、客人：家中有客，主人富足 / 85

МОДУЛЬ 7 ГОРАД, ТРАНСПАРТ. ПАДАРОЖЖЫ. "Добра быць у дарозе, якую сам сабе выбіраеш". 城市、交通、旅行："能走自己选的路真乃幸事" / 111

МОДУЛЬ 8 ЗНЕШНАСЦЬ. ЗДАРОЎЕ. Па адзенні сустракаюць – па розуме выпраўляюць. Было б здароўе, а ўсё астатняе прыбудзе. 外貌与健康：始于颜值，终于才华　有健康才有一切 / 133

МОДУЛЬ 1

ЗНАЁМСТВА. "Калі ласка", "дзякуй", "добры дзень" – ветлівыя словы чую ад людзей…

相识："请""谢谢""你好"——礼貌用语

МОДУЛЬ 1   ЗНАЁМСТВА. "Калі ласка", "дзякуй", "добры дзень" – ветлівыя словы чую ад людзей…
相识："请" "谢谢" "你好"——礼貌用语

听录音请扫
二维码

СЛУХАЕМ І ЎСПАМІНАЕМ

1.1

А. Слухайце словы. Паўтарайце за дыктарам толькі імёны мужчын. Не паўтарайце імёны жанчын. Запішыце імёны мужчын.

_____
_____
_____

Б. Слухайце словы. Паўтарайце за дыктарам толькі назвы краін. Не паўтарайце назвы гарадоў. Запішыце назвы краін.

_____
_____
_____

1.2

Паслухайце пытанні. Напішыце да іх адказы.

1. _____
2. _____
3. _____
4. _____
5. _____

СЛУХАЕМ І ЧУЕМ

 1.3

Паслухайце словы. Што вы чуеце? Падкрэсліце тое, што вы чуеце.

1. Віктар і Сяргей – вы хто, Сяргей

2. Ён Алесь – яна Алеся

3. З Беларусі і Кітая – з Беларусі ў Кітай

4. Гэта Вольга – вось толькі

5. Адкуль Наташа? – Адкуль яна ішла?

6. Тася і Маша – Стася і Даша

7. Ляціць у Мінск – ляцяць з Мінска

8. Янка тут – я і кот тут

 1.4

Паслухайце сказы. Вы чуеце тое, што напісана або не?

		так	не
1	Прыемна пазнаёміцца! Мяне завуць Максім.		
2	Я выкладчык кітайскай мовы.		
3	Мяне завуць Алесь Іванавіч.		
4	Як цябе завуць?		
5	Аксана і Янка з Францыі.		
6	Вельмі прыемна, Алена Сушко.		
7	Я таксама з Расіі, а не з Кітая.		
8	Ён Антось, а гэта Янка і я.		

МОДУЛЬ 1   ЗНАЁМСТВА. "Калі ласка", "дзякуй", "добры дзень" – ветлівыя словы чую ад людзей…
相识： "请" "谢谢" "你好" ——礼貌用语

 1.5

Паслухайце сказы. Колькі ў іх слоў?

1	2	3	4	5	6	7	8

СЛУХАЕМ ДЫЯЛОГІ

 1.6

Дыялог 1. Прывітанне! Давайце пазнаёмімся!

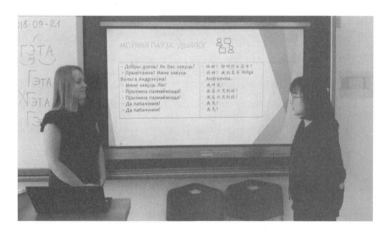

А. Суаднясіце словы і выразы з іх значэннем.

	Словы і выразы		Значэнне, тлумачэнне
А	Я ваш выкладчык.	1	Я буду вас вучыць.
Б	прыемна	2	напрыклад: Беларусь, Кітай, Расія
В	пазнаёміцца	3	вельмі рады, вельмі прыемна
Г	краіна	4	гаварыць сваё імя і спытаць яго імя

А	Б	В	Г

Б. Паслухайце дыялог 1.

В. Адкажыце на пытанні.

1. Колькі чалавек размаўляе? _____
2. Хто яны? _____
3. Дзе яны размаўляюць? _____
4. Як іх завуць? _____
5. Адкуль яны? _____

Г. Паслухайце дыялог яшчэ раз. Пасля адкажыце, хто гаворыць гэты сказы – Лі Мін, Даша або Янка.

		Мяне завуць Даша Васілевіч.
		Я ваш выкладчык кітайскай мовы. Мяне завуць Лі Мін. Давайце пазнаёмімся. Як вас завуць?
		Мяне завуць Янка Сівец. Я таксама з Беларусі.
		З якой вы краіны, Даша?
		Прыемна пазнаёміцца! А як вас завуць?
		Вельмі прыемна!
		Я з Беларусі.

Д. Цяпер пастаўце рэплікі ў правільным парадку.

МОДУЛЬ 1   ЗНАЁМСТВА. "Калі ласка", "дзякуй", "добры дзень" – ветлівыя словы чую ад людзей…
相识： "请" "谢谢" "你好" ——礼貌用语

Е. ТАК або НЕ?

		ТАК	НЕ
1	Выкладчыка завуць Лу Мін.		
2	Янка – з Беларусі, а Даша – з Расіі.		
3	Даша і Янка будуць вучыць кітайскую мову.		
4	Яны вельмі рады пазнаёміцца.		
5	Выкладчык Лі будзе вучыць студэнтаў беларускай мове.		

Ж. Разыграйце гэты дыялог. Адзін студэнт – выкладчык Лі Мін, другі – Даша Васілевіч, трэці – Янка Сівец.

 1.7

Дыялог 2. Будзем вучыцца разам!

А. Суаднясіце словы і выразы з іх значэннем.

	Словы і выразы		*Значэнне, тлумачэнне*
А	вучыць *(нешта)*	1	Да сустрэчы!
Б	Да пабачэння!	2	мне падабаецца, што…
В	як добра, што…	3	размаўляць па-кітайску
Г	гаварыць на кітайскай мове	4	вывучаць *(нешта)*

А	Б	В	Г

Б. Паслухайце дыялог 2.

В. Адкажыце на пытанні.

1. Колькі чалавек размаўляе? _____
2. Хто гэта? _____
3. Дзе знаёмяцца Кацярына і Дэмі? _____
4. Дэмі добра ведае кітайскую мову? _____
5. Кацярына вучыла раней кітайскую мову? _____

Г. Паслухайце дыялог яшчэ раз. Пасля запоўніце пропускі ў сказах.

Дэмі Вайт	Прывітанне, давай _____, бо мы будзем вучыцца _____. Я – з _____, мяне завуць Дэмі Вайт. А як цябе завуць і _____?
Кацярына	Я – Кацярына Іваненка, _____.
Дэмі Вайт	Мне вельмі _____ пазнаёміцца!
Кацярына	Мне таксама _____! Дэмі, ты раней вучыла _____ мову?
Дэмі Вайт	Я не вучыла, але яна мне вельмі _____. А ты, Каця?
Кацярына	Я вывучала _____ мову _____ месяцы.
Дэмі Вайт	Як _____, што мы будзем вучыцца _____!
Кацярына	Да сустрэчы!
Дэмі Вайт	_____!

Д. ТАК або НЕ?

		ТАК	НЕ
1	Дэмі Вайт – новая студэнтка з Англіі.		
2	Дэмі ніколі не вучыла кітайскую мову.		
3	Дэмі вельмі падабаецца беларуская мова.		
4	Кацярына два месяцы вывучала беларускую мову.		
5	Дэмі і Кацярына будуць вучыцца разам.		
6	З імі будзе вучыцца таксама Янка Сівец.		

МОДУЛЬ 1   ЗНАЁМСТВА. "Калі ласка", "дзякуй", "добры дзень" – ветлівыя словы чую ад людзей...
相识： "请" "谢谢" "你好" ——礼貌用语

Е. Разыграйце гэты дыялог. Адзін студэнт – Кацярына Іваненка, другі – Дэмі Вайт.

🎧 1.8

Дыялог 3. Рады вітаць у Кітаі!

А. Суаднясіце словы і выразы з іх значэннем.

	Словы і выразы		Значэнне, тлумачэнне
А	прабачце	1	універсітэт у горадзе Пекін, дзе вучаць замежныя мовы
Б	Давайце пазнаёмімся.	2	другое імя Вольгі – Воля
В	можна проста Воля	3	выбачайце
Г	Пекінскі ўніверсітэт замежных моў	4	Як вас завуць?

А	Б	В	Г

Б. Паслухайце дыялог 3.

В. Адкажыце на пытанні.

1. Хто размаўляе? _____
2. З кім Ян Мэй знаёміць Вольгу? _____
3. Ці ёсць беларускае імя ў Ян Мэй? _____
4. Сіньлінь – выкладчыца? _____

Г. Паслухайце дыялог яшчэ раз. Пасля запоўніце пропускі ў сказах. Выкарыстоўвайце словы для даведкі.

словы для даведкі
вучыць   выкладчыца з Беларусі   Пекінскім універсітэце замежных моў
Вольга Максімовіч   Воля   Сіньлінь   у Кітаі   Ян Мэй

Ян Мэй	Прабачце, калі ласка, вы _____?
Вольга	Так, я буду выкладаць беларускую мову кітайскім студэнтам у _____.
Ян Мэй	Давайце пазнаёмімся. Мяне завуць _____, я таксама працую выкладчыцай у гэтым універсітэце.
Вольга	А я – _____. Можна проста _____.
Ян Мэй	Вельмі прыемна, а гэта _____ – ваша студэнтка, якая будзе _____ беларускую мову. А па-беларуску яе завуць Стася.
Вольга	Як цудоўна! Мне таксама вельмі прыемна.
Ян Мэй	Рады вітаць _____!

Д. ТАК або НЕ?

		ТАК	НЕ
1	Ян Мэй прыехала з Кітая ў Беларусь.		
2	Ян Мэй размаўляе па-беларуску.		
3	Сіньлінь ужо працуе.		
4	Вольга будзе працаваць у Сіянскім універсітэце замежных моў.		
5	Сіньлінь ужо вучыла беларускую мову.		
6	Ян Мэй рада вітаць Вольгу ў Кітаі.		

Е. Разыграйце гэты дыялог. Адзін студэнт – Ян Мэй, другі – Вольга Максімовіч.

МОДУЛЬ 1   ЗНАЁМСТВА. "Калі ласка", "дзякуй", "добры дзень" – ветлівыя словы чую ад людзей…
相识："请" "谢谢" "你好" ——礼貌用语

СЛУХАЕМ І ГАВОРЫМ

1.9

А. Паслухайце фрагмент тэлеперадачы "Дыя@блог". Хто гаворыць першы, хто – другі?

Б. Суаднясіце словы і выразы з іх значэннем.

	Словы і выразы		Значэнне, тлумачэнне
А	салістка	1	людзі, якія глядзяць тэлевізар
Б	Сардэчна і горача рада сустрэчы з вамі!	2	спявачка
В	калектыў	3	Я вельмі рада бачыць вас усіх!
Г	гледачы	4	ансамбль

А	Б	В	Г

В. Паслухайце фрагмент тэлеперадачы "Дыя@блог" яшчэ раз. Паслухайце пытанні. Выберыце правільны адказ А, Б, В, ці Г.

Пытанне 1.	
А. з Таццянай Лазоўскай	В. Таццянай Вазоўскай
Б. з Таццянай Мазоўскай	Г. Тамарай Лазоўскай

Пытанне 2.	
А. салісткай оперы	В. салісткай ансамбля
Б. салісткай гурта	Г. вядучай
Пытанне 3.	
А. Беларусь 5	В. Беларусь 2
Б. Беларусь 3	Г. Беларусь 1
Пытанне 4.	
А. "Бяседа"	В. "Тры суседы"
Б. "Вяселле"	Г. "Беларусь"

Г. Работа ў парах, складзіце дыялог. Уявіце, што вас запрасілі на тэлеперадачу "Дыя@блог". Вам трэба афіцыйна сябе прадставіць. Як вы гэта зробіце?

СЛУХАЕМ ТЭКСТЫ

1.10

 **А. Паслухайце тэкст.**

МОДУЛЬ 1   ЗНАЁМСТВА. "Калі ласка", "дзякуй", "добры дзень" – ветлівыя словы чую ад людзей...
相识： "请" "谢谢" "你好" ——礼貌用语

Б. Паслухайце пытанні. Выберыце правільны адказ А, Б, В, ці Г.

Пытанне 1.	
А. выкладчыца беларускай мовы	В. яна з Украіны
Б. студэнтка з Амерыкі	Г. выкладчыца кітайскай мовы
Пытанне 2.	
А. у Сіянскім універсітэце замежных моў	В. у беларускай школе для замежных студэнтаў
Б. у Інстытуце беларускай мовы імя Якуба Коласа	Г. ва ўніверсітэце ў Пекіне
Пытанне 3.	
А. тры студэнты	В. чатыры студэнты
Б. пяць студэнтаў	Г. шэсць студэнтаў
Пытанне 4.	
А. Ганна Галушка	В. Джэсіка Эванс
Б. Жан Жак	Г. Ван Хун
Пытанне 5.	
А. з Кітая	В. з Украіны
Б. з Амерыкі	Г. з Францыі
Пытанне 6.	
А. ён вучыць беларускую мову два гады	В. яго матуля беларуска
Б. яго родны горад – Парыж	Г. яго бабуля беларуска
Пытанне 7.	
А. вучыцца і спяваць	В. вучыцца і чытаць
Б. вучыцца і вандраваць	Г. вучыцца і адпачываць
Пытанне 8.	
А. ён любіць Беларусь	В. вучыць беларускую мову ўжо два гады
Б. яму падабаюцца беларускія дзяўчаты	Г. ён яшчэ дрэнна размаўляе на беларускай мове

В. Перакажыце гэты тэкст. Карыстайцеся апорнымі словамі.

> Яніна Валянцінаўна   пятнаццаць гадоў
> Інстытут беларускай мовы імя Якуба Коласа   два гады
> Ганна Галушка   Джэсіка Эванс   словы па тэме "Адзенне"
> Жан Жак   Ван Хун   падручнікі

СЛУХАЕМ ПЕСНЮ

 1.11

А. Паслухайце песню "Хлеб ды соль" ансамбля народнай музыкі "Бяседа". Якая гэта песня: вясёлая або сумная, хуткая або павольная? Яна вам падабаецца?

Б. Паслухайце песню яшчэ раз. Запоўніце пропускі.

Музыка Л.Захлеўнага   Словы Л.Пранчака

Сонца ўсходзіць — дорыць радасць _____.

Птушкам — голас, небу — _____.

Зорны _____ — шчодрае жніво,

Водар _____ — лета харатство.

Выйду ў _____, звоняць _____ —

Родных ніў жывыя _____.

І плывуць высока дзіўнаю красой,

Песняй велічальнай льюцца над _____.

Прыпеў:

Хлеб ды _____, хлеб ды _____,

Вышыты _____.

МОДУЛЬ 1　　ЗНАЁМСТВА. "Калі ласка", "дзякуй", "добры дзень" – ветлівыя словы чую ад людзей…
相识："请" "谢谢" "你好"——礼貌用语

Хлеб ды _____, хлеб ды _____,

Маці-Беларусь!

Хлеб ды _____, хлеб ды _____

Мы падносім вам.

Хлеб ды _____

І наш паклон

Дарагім _____!

ЦІКАВА ВЕДАЦЬ!

"Бяседа" – заслужаны калектыў Рэспублікі Беларусь, ансамбль народнай музыкі. Слова "бяседа" ў перакладзе азначае "застолле", а на застолле прыходзяць самыя блізкія людзі, у цёплым коле якіх гучаць народныя песні. У аснове ўсіх песень ансамбля ляжыць народная музыка. На канцэртах "Бяседы" спалучаюцца харавыя, сольныя і інструментальныя нумары.

"Бяседа" 是白俄罗斯共和国功勋民族乐团。"Бяседа" 一词来源于白俄罗斯语，翻译成俄语为 "节日的宴席" 之意。能来赴宴的通常是最亲近的人，大家在亲友间温暖的氛围中演唱的多为民间歌曲。因此，该乐团的演奏曲目以民间乐曲为主。在 "Бяседа" 乐团的演出中，我们能够欣赏到合唱、独唱和器乐等表演。

СЛУХАЕМ ВЕРШ

🎧 1.12

А. Паслухайце верш. Пра што ён?

Б. Паслухайце верш яшчэ раз. Запоўніце пропускі.

Чатыры пажаданні

Добра, калі ўжо змалку

Сам можаш вітаць людзей,

Раніцай: — _____!

І апоўдня: — _____!

Увечары пры сустрэчы

Знаёмым сказаць: — _____!

А соннаму сонейку наноч

І ўсім добрым людзям: — _____!

Васіль Вітка

Пра што новае вы даведаліся ў гэтым модулі? Якія новыя словы вывучылі?

МОДУЛЬ 2

СЯМ'Я. Па гнязду відаць, якая птушка.

家庭：观巢知鸟

МОДУЛЬ 2   СЯМ'Я. Па гнязду відаць, якая птушка.

家庭：观巢知鸟

СЛУХАЕМ І ЎСПАМІНАЕМ

🎧 | 2.1

А. Слухайце словы. Паўтарайце за дыктарам толькі словы па тэме "Сям'я". Не паўтарайце словы па тэме "Прафесіі". Запішыце словы па тэме "Сям'я".

_____
_____
_____

🎧 Б. Слухайце словы. Паўтарайце за дыктарам толькі словы, якія абазначаюць мужчын. Не паўтарайце словы, якія абазначаюць жанчын. Запішыце словы, якія абазначаюць мужчын.

_____
_____
_____

🎧 | 2.2

Паслухайце пытанні. Напішыце да іх адказы.

1. _____
2. _____
3. _____
4. _____
5. _____

СЛУХАЕМ І ЧУЕМ

 2.3

Паслухайце словы. Што вы чуеце? Падкрэсліце тое, што вы чуеце.

1. Браты – брат і ты

2. Дзве качкі – дзве дачкі

3. Сям'я – з імі я

4. Люблю сваю сям'ю – люблю тваю сям'ю

5. Жыву з маці – жыву ў хаце

6. Твае сны – твае сыны

7. Ён і жонка – хто яго жонка

8. Мама з сынам – мама з Нінай

 2.4

Паслухайце сказы. Вы чуеце тое, што напісана або не?

		ТАК	НЕ
1	Знаёмся, гэта сям'я Глушко.		
2	Самы стары ў сям'і – Сцяпан Іванавіч.		
3	Яны ўжо разам 5 гадоў.		
4	У іх нарадзілася двое дзяцей – Антось і Алеся.		
5	У Аксаны толькі адзін сын.		
6	Праз два гады ў яго юбілей – 80 гадоў.		
7	Алена Яўгенаўна маладзейшая за свайго мужа на чатыры гады.		
8	Брат Вольгі – гэта муж яе суседкі Ганны.		

МОДУЛЬ 2   СЯМ'Я. Па гнязду відаць, якая птушка.
家庭：观巢知鸟

 2.5

Паслухайце сказы. Колькі ў іх слоў?

1	2	3	4	5	6	7	8

СЛУХАЕМ ДЫЯЛОГІ

 2.6

Дыялог 1. Колькі чалавек у тваёй сям'і?

А. Суаднясіце словы і выразы з іх значэннем.

	Словы і выразы		*Значэнне, тлумачэнне*
А	сяброўкі не разлі вада	1	На жаль, што…
Б	старэйшы брат	2	горад у Кітаі на беразе Жоўтага мора
В	Далянь	3	брат, якому больш гадоў
Г	Шкада, што…	4	добрыя сяброўкі

А	Б	В	Г

21

Б. Паслухайце дыялог 1.

В. Адкажыце на пытанні.

1. Колькі чалавек размаўляе? _____
2. Як іх завуць? _____
3. Пра што яны размаўляюць? _____
4. Колькі чалавек у сям'і Ян Мэй? _____
5. Ці ёсць сястра ў Ганны? _____

Г. Паслухайце дыялог яшчэ раз. Пасля адкажыце, хто гаворыць гэты сказы – Ганна або Ян Мэй.

	Ян Мэй, мы з табой сяброўкі не разлі вада, але я нічога не ведаю пра тваю сям'я. Дзе жыве твая сям'я?
	Мая сям'я жыве ў Даляні. А твая, Ганна?
	А мая сям'я жыве ў Віцебску. Мэй, колькі чалавек у тваёй сям'і?
	У нас у сям'і тры чалавекі: бацька, маці і я. А ў цябе?
	Нас – чатыры.
	Хто гэта?
	Тата, матуля, старэйшы брат і я.
	Ого! У цябе вялікая сям'я! У цябе ёсць брат! Шкада, што ў мяне няма брата або сястры.

Д. ТАК або НЕ?

		ТАК	НЕ
1	Сям'я Ян Мэй жыве ў горадзе каля Чырвонага мора.		
2	У сям'і Ян Мэй тры чалавекі.		
3	Родны горад Ганны – Мінск.		
4	У Ганны ёсць старэйшая сястра.		
5	Ян Мэй хоча мець брата або сястру.		

МОДУЛЬ 2   СЯМ'Я. Па гнязду відаць, якая птушка.
家庭：观巢知鸟

Е. Раскажыце пра сям'ю Ганны. Пачніце свой аповед так: "Сяброўку Ян Мэй завуць Ганна. Сям'я Ганны…".

 2.7

Дыялог 2. Кім працуе твой тата?

А. Суаднясіце словы і выразы з іх значэннем.

	Словы і выразы		Значэнне, тлумачэнне
А	праграміст	1	Вельмі рада! Мне падабаецца гэта ідэя!
Б	прафесія	2	які трэба для людзей
В	традыцыйная кітайская медыцына	3	прафесія, якую многія людзі лічаць вельмі добрай
Г	прэстыжная прафесія	4	напрыклад: настаўнік, дызайнер, інжынер, музыкант
Д	зарабляць	5	медыцына, якая выкарыстоўвае народныя метады
Е	лекавыя травы	6	чалавек, які піша праграмы на камп'ютары
Ж	неабходны	7	расліны, якія выкарыстоўваюць для лячэння
З	З задавальненнем!	8	атрымліваць грошы за працу

А	Б	В	Г	Д	Е	Ж	З

Б. Паслухайце дыялог 2.

В. Адкажыце на пытанні.

1. Кім працуе маці Ян Мэй? _____

2. Кім працуюць бацькі Ганны? _____

3. У Ганны ёсць брат? Колькі яму гадоў? _____

4. Брат Ганны вучыцца або працуе? _____

5. Як вы думаеце, якія прафесіі неабходныя ў наш час? _____

6. Як вы думаеце, якія прафесіі прэстыжныя ў Кітаі? _____

Г. Паслухайце дыялог яшчэ раз. Пасля запоўніце пропускі ў сказах.

Ганна	Ян Мэй, кім працуе _____?
Ян Мэй	Мой бацька – _____. Ён працуе ў камп'ютарнай кампаніі.
Ганна	У Беларусі гэта _____ вельмі _____. Твой тата добра зарабляе. А дзе працуе твая матуля?
Ян Мэй	Ведаеш, Ганна, мая маці – _____. Яна вельмі любіць сваю прафесію.
Ганна	Прафесія доктара ў наш час вельмі неабходная. Яна займаецца _____ _____?
Ян Мэй	Так, яна спецыяліст па лекавых травах. А дзе працуюць твае бацькі?
Ганна	Матуля працуе выкладчыцай, а тата – _____.
Ян Мэй	Дызайнер? Гэта вельмі цікава! Колькі гадоў твайму _____?
Ганна	Яму будзе 23 гады ў наступным _____.
Ян Мэй	Ён яшчэ вучыцца?
Ганна	Не, у мінулым годзе ён скончыў _____. Зараз ён выкладае мову ў школе.
Ян Мэй	У яго таксама вельмі неабходная _____.
Ганна	Ян Мэй, запрашаю ў наступную суботу да нас у госці ў _____. Я цябе пазнаёмлю са сваёй сям'ёй.
Ян Мэй	_____!

МОДУЛЬ 2   СЯМ'Я. Па гнязду відаць, якая птушка.

家庭：观巢知鸟

Д. ТАК або НЕ?

		ТАК	НЕ
1	Бацька Ян Мэй праграміст. Ён працуе ў камп'ютарнай кампаніі.		
2	У Беларусі праграмісты не вельмі добра зарабляюць.		
3	Маці Ян Мэй працуе дзіцячым доктарам.		
4	Маці Ян Мэй ведае лекавыя расліны.		
5	Матуля Ганны – выкладчыца, брат Ганны таксама выкладчык.		
6	Дызайнер – вельмі неабходная прафесія.		
7	Зараз брату Ганны 23 гады.		

 2.8

Дыялог 3. Гэта фатаграфія вашай сям'і?

А. Суаднясіце словы і выразы з іх значэннем.

	Словы і выразы		*Значэнне, тлумачэнне*
А	сямейны	1	лепшая адзнака ў беларускай школе
Б	фатаграфія	2	прыгожы
В	дзясятка	3	фота, фотаздымак
Г	паступаць ва ўніверсітэт	4	ад слова "сям'я"
Д	МДЛУ	5	здаваць экзамены ва ўніверсітэт
Е	сімпатычны	6	Мінскі дзяржаўны лінгвістычны ўніверсітэт

А	Б	В	Г	Д	Е

Б. Паслухайце дыялог 3.

В. Адкажыце на пытанні.

1. Колькі чалавек у сям'і Міхася? _____

2. Кім працуюць яго бацькі? _____

3. Куды будзе паступаць сястра Міхася? _____

4. Дзе можна вывучаць кітайскую мову ў Беларусі? _____

5. Дзясятка – гэта добрая адзнака? _____

Г. Паслухайце дыялог яшчэ раз. Пасля запоўніце пропускі ў сказах. Выкарыстоўвайце словы для даведкі.

словы для даведкі
інжынеры   перакладчыца   школа   дзясяткі   хлопчык
сімпатычны   вывучае   ходзіць у першы клас
Інстытут Канфуцыя ў Мінску

Ван Дэлун	Міхась, гэта твая сямейная фатаграфія?
Міхась	Так, Ван Дэлун. Гэта мае бацькі, яны _____
Ван Дэлун	А хто гэта дзяўчынка каля тваёй маці?
Міхась	Гэта мая сястра Віка. У гэтым годзе яна скончыць _____ і будзе паступаць ва ўніверсітэт.
Ван Дэлун	У які ўніверсітэт яна будзе паступаць?
Міхась	У МДЛУ, яна хоча працаваць _____ кітайскай мовы.
Ван Дэлун	Ого! Кітайская мова вельмі складаная. Яна яе _____ ў школе?
Міхась	Так, па кітайскай мове ў яе _____. Яшчэ два разы на тыдзень Віка ходзіць на заняткі ў _____.
Ван Дэлун	Якая малайчына! Я не ведаў, што ў беларускіх школах вывучаюць кітайскую мову. Так, усе кітайцы ведаюць Канфуцыя. Яго імя па-кітайску гучыць "Кунцзы". А хто гэты _____ на фотаздымку?
Міхась	Гэта мой малодшы брат. Ён _____.
Ван Дэлун	Які ён _____!

МОДУЛЬ 2　СЯМ'Я. Па гняздзу відаць, якая птушка.

家庭：观巢知鸟

Д. ТАК або НЕ?

		ТАК	НЕ
1	Гэта школьны фотаздымак Міхася.		
2	Бацькі Міхася працуюць інжынерамі.		
3	Сястру Міхася завуць Ніка.		
4	Сястра Міхася вучыцца вельмі добра.		
5	Сястра Міхася вучыцца ў МДЛУ.		
6	У Міхася ёсць старэйшы брат.		
7	Брат Міхася ходзіць у першы клас.		

Е. Разыграйце гэты дыялог. Адзін студэнт – Ван Дэлун, другі – Міхась.

СЛУХАЕМ І ГАВОРЫМ

🎧 2.9

А. Гэта радавод сям'і Зяблікаў. Паслухайце тэкст пра гэту сям'ю і запоўніце пропускі.

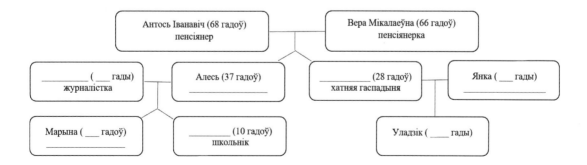

Б. Складзіце восем пытанняў пра сям'ю Зяблікаў. Прачытайце свае пытанні аднагрупнікам.

1. _____
2. _____
3. _____
4. _____
5. _____
6. _____
7. _____
8. _____

В. Гульня "Здагадайцеся". Складзіце поўны аповед пра аднаго чалавека з сям'і Зяблікаў па ўзоры.

Узор:

Ён муж Веры Мікалаеўны. Яму 68 гадоў, ён пенсіянер. Ён бацька Алеся і Веранікі. Ён дзядуля трох унукаў. Адкажыце, хто гэта? *(Антось Іванавіч)*.

_____
_____
_____
_____
_____
_____
_____

МОДУЛЬ 2   СЯМ'Я. Па гнязду відаць, якая птушка.
家庭：观巢知鸟

СЛУХАЕМ ТЭКСТЫ

2.10

🎧 А. Паслухайце тэкст.

🎧 Б. Паслухайце пытанні. Выберыце правільны адказ А, Б, В, ці Г.

Пытанне 1.	
А. чатыры	В. пяць
Б. тры	Г. сем
Пытанне 2.	
А. на пяць год	В. на шэсць год
Б. на чатыры гады	Г. на тры гады
Пытанне 3.	
А. у невялікім горадзе	В. у вёсцы каля Пекіна
Б. у Пекіне	Г. у вёсцы каля Сіяня
Пытанне 4.	
А. брат і сястра	В. брат
Б. сястра	Г. нікога няма
Пытанне 5.	
А. настаўнікам музыкі	В. настаўнікам англійскай мовы
Б. настаўнікам гісторыі	Г. школьным бібліятэкарам

Пытанне 6.	
А. да 1 года	В. да 16 гадоў
Б. да 3 гадоў	Г. да 5 гадоў
Пытанне 7.	
А. яна замужам і ў яе ёсць дзіця	В. яна не замужам і ў яе ёсць дзіця
Б. яна не замужам	Г. яна замужам і ў яе няма дзіцяці
Пытанне 8.	
А. у яго ёсць сваё кафэ	В. у яго ёсць свая крама абутку
Б. у яго ёсць свая крама адзення	Г. у яго ёсць свая крама прадуктаў

В. Паслухайце тэкст яшчэ раз. Перакажыце яго па памяці.

_____
_____
_____
_____
_____
_____
_____
_____

СЛУХАЕМ ПЕСНЮ

 2.11

А. Паслухайце песню ў выхаванні Тамары Раеўскай "Песня пра маці". Якая гэта песня: вясёлая або сумная, хуткая або павольная? Яна вам падабаецца?

МОДУЛЬ 2   СЯМ'Я. Па гнязду відаць, якая птушка.
家庭：观巢知鸟

Б. Паслухайце песню яшчэ раз. Запоўніце пропускі.

Помню кожную _____

І маршчынку _____ .

Над маёю _____

Помню ўсмешку _____ .

Ад _____ ўратуе,

Добра ведаю я,

Маці, мама, _____

Дарагая мая.

Праз гады і разлукі

Помню _____ твае.

Помню цёплыя _____ ,

Помню _____ твае.

Скажа праўду святую,

Добра _____ я,

Маці, мама, _____

Дарагая мая.

Толькі ўдачу прарочаць

_____ твае.

Помню родныя _____ ,

Помню _____ твае.

Шчыра ласкай атуліць,

Добра _____ я,

Маці, мама, _____

Дарагая мая.

ЦІКАВА ВЕДАЦЬ!

14 кастрычніка – Дзень маці ў Беларусі. У Беларусі пачалі адзначаць Дзень маці ў 1996 годзе. Ушанаванне жанчыны-маці мае шматвяковую гісторыю. Матчына роля лічыцца адной з самых важных і шанаваных у беларускім грамадстве. Многія звычаі і традыцыі звязаны з мацярынствам. У беларускай літаратуры, музыцы і мастацтве таксама часта сустракаюцца вобразы маці, якія сімвалізуюць любоў, абарону і спагаду.

10月14日是白俄罗斯的母亲节，白俄罗斯自1996年开始庆祝这一节日。庆祝包括母亲在内的女性的节日在白俄罗斯有着悠久的传统。母亲这一角色是白俄罗斯社会最重要的、最受人尊敬的角色之一，很多传统习俗都与母亲的形象有关。在白俄罗斯的文学、音乐和艺术中，常常能看到母亲的形象，这一形象代表着爱、守护、怜悯之心。

Пра што новае вы даведаліся ў гэтым модулі? Якія новыя словы вывучылі?

МОДУЛЬ 3

ВУЧОБА. Навука для чалавека як сонца для жыцця.

学习：科学之于人，如同阳光之于生命

МОДУЛЬ 3   ВУЧОБА. Навука для чалавека як сонца для жыцця.
学习：科学之于人，如同阳光之于生命

СЛУХАЕМ І ЎСПАМІНАЕМ

3.1

Слухайце словы. Паўтарайце за дыктарам толькі словы па тэме "Вучоба". Не паўтарайце словы па тэме "Горад". Запішыце словы па тэме "Вучоба".

_____
_____
_____

3.2

Паслухайце пытанні. Напішыце да іх адказы.

1. _____
2. _____
3. _____
4. _____
5. _____

СЛУХАЕМ І ЧУЕМ

3.3

Паслухайце словы. Што вы чуеце? Падкрэсліце тое, што вы чуеце.

1. Вучы́цца – ву́чыцца
2. Дамашняе заданне – дамашняе практыкаванне

3. Студэнтка Ірына – студэнтка Кацярына

4. Настаўнік і настаўніца – настаўніца і настаўнік

5. Выкладае мову – выкладае дома

6. Пісьменнік у падручніку – пісаць у падручніку

7. Дзве пары раніцай – няма пары раніцай

8. Экзамен ці не – заняты ці не

 3.4

Паслухайце сказы. Вы чуеце тое, што напісана або не?

		ТАК	НЕ
1	Учора ў мяне быў экзамен па англійскай мове.		
2	Я кожны дзень займаюся ў аўдыторыі.		
3	Я займаўся ў Міколы дома.		
4	Я вывучаю рускую мову і ўмею чытаць па-беларуску.		
5	Антось сядзіць з падручнікам у аўдыторыі.		
6	Янка раніцай займаўся, а вечарам адпачываў.		
7	Таня з намі вучыцца разам.		
8	Учора ў бібліятэцы я чытаў падручнік па літаратуры.		

 3.5

Паслухайце сказы. Колькі ў іх слоў?

1	2	3	4	5	6	7	8

МОДУЛЬ 3   ВУЧОБА. Навука для чалавека як сонца для жыцця.
学习：科学之于人，如同阳光之于生命

СЛУХАЕМ ДЫЯЛОГІ

 3.6

Дыялог 1. Хто куды паступіў?

А. Суаднясіце словы і выразы з іх значэннем.

	Словы і выразы		Значэнне, тлумачэнне
А	конкурс	1	Я згодны!
Б	выдатна ведаеш	2	Да сустрэчы!
В	яны малайцы	3	Беларускі дзяржаўны ўніверсітэт
Г	збірацца разам	4	ведаеш лепш за іншых
Д	Я – за!	5	яны зрабілі ўсё вельмі добра
Е	БДУ	6	Беларускі дзяржаўны тэхналагічны ўніверсітэт
Ж	Бывай!	7	сустрэцца разам
З	БДТУ	8	колькі чалавек хочуць на гэта месца (на гэты факультэт, на гэту працу, на гэту спецыяльнасць і г.д.)

А	Б	В	Г	Д	Е	Ж	З

Б. Паслухайце дыялог 1.

В. Адкажыце на пытанні.

1. Хто размаўляе? _____

2. У якім універсітэце вучыцца Кацярына? _____

3. Які быў конкурс у БДУ? _____

4. Хто такія Цімох і Генадзь? _____

5. Васіль таксама стаў студэнтам? _____

Г. Паслухайце дыялог яшчэ раз. Пасля адкажыце, хто гаворыць гэты сказы – Кацярына або Васіль.

		Яны малайцы. Цімох вучыцца ў педагагічным універсітэце, а Генадзь вывучае французскую мову ў МДЛУ.
		Дамовіліся! А зараз мне трэба бегчы на заняткі. Я паступіў у БДТУ, як і хацеў. Да пабачэння!
		Васіль! Вітаю! Як ты?
		Я – за! Трэба сустрэцца!
		Кацярына? Прывітанне, выдатна! Усе ведаюць, што ты студэнтка БДУ! Цяжка было паступіць?
		Ты выдатна ведаеш англійскую мову. Я верыў, што ты паступіш. А як нашы хлопцы – Цімох і Генадзь?
		Малайчына! Бывай!
		Канешне, складана. У нас быў конкурс пяць чалавек на месца.
		Давайце збяромся разам.

Д. Цяпер пастаўце рэплікі ў правільным парадку.

МОДУЛЬ 3   ВУЧОБА. Навука для чалавека як сонца для жыцця.
学习：科学之于人，如同阳光之于生命

Е. ТАК або НЕ?

		ТАК	НЕ
1	Яшчэ не ўсе аднакласнікі ведаюць, што Кацярына паступіла ў БДУ.		
2	Васіль лепш за ўсіх ведае англійскую мову.		
3	Кацярына і Васіль вучацца ў адным універсітэце.		
4	Паступіць у БДУ складана.		
5	Цімох вучыцца на настаўніка.		
6	Аднакласнікі хочуць сустрэцца, таму што цікава давецца, хто куды паступіў.		

 3.7

Дыялог 2. Ці ісці на лекцыю сёння?

А. Суаднясіце словы і выразы з іх значэннем.

	Словы і выразы		Значэнне, тлумачэнне
А	лекцыя	1	расказаць пра нешта, што ведаю толькі я
Б	прафесар	2	я думаю, вам трэба *(рабіць гэта)*
В	лектар	3	занятак, на якім выкладчык распавядае пра нешта, а студэнты слухаюць і пішуць
Г	я раю вам *(нешта рабіць)*	4	я гэта зраблю, прыйду
Д	адкрыць сакрэт	5	60 хвілін
Е	гадзіна	6	чалавек, які чытае лекцыю
Ж	абавязкова буду	7	выкладчык ва ўніверсітэце

А	Б	В	Г	Д	Е	Ж

Б. Паслухайце дыялог 2.

В. Адкажыце на пытанні.

1. Колькі чалавек размаўляе? _____
2. Дзе яны размаўляюць? _____
3. Што дзяўчына раіць мужчыну? _____
4. Чаму мужчыну трэба ісці на гэту лекцыю? _____
5. Ці ветлівая гэта дзяўчына? Чаму? _____

Г. Паслухайце дыялог яшчэ раз. Пасля запоўніце пропускі ў сказах.

Студэнтка	Прабачце, можна сесці каля вас?
Прафесар Міхайлаў	Прывітанне, канешне! Які _____ сёння ў нашай сталоўцы!
Студэнтка	Так, _____ выдатныя. А вы чулі, што сёння пасля абеду будзе _____ прафесара Міхайлава?
Прафесар Міхайлаў	Так, чуў. Яна будзе ў дзве гадзіны ў аўдыторыі сто чатыры.
Студэнтка	Я раю вам не ісці на гэту лекцыю.
Прафесар Міхайлаў	Не ісці на лекцыю? Чаму?
Студэнтка	Гэта лекцыя зусім нецікавая. _____ Міхайлаў не будзе распавядаць нічога новага.
Прафесар Міхайлаў	Не, я думаю, вы памыляецеся.
Студэнтка	Не, не памыляюся: аўдыторыя вельмі _____ і цёмная, _____ няма. Я адкрыю вам _____: _____ Міхайлаў яшчэ малады і не ўмее чытаць лекцыі.
Прафесар Міхайлаў	Але я абавязкова буду на гэтай _____. Я і ёсць _____ Міхайлаў.

МОДУЛЬ 3   ВУЧОБА. Навука для чалавека як сонца для жыцця.
学习：科学之于人，如同阳光之于生命

Д. ТАК або НЕ?

		ТАК	НЕ
1	Два чалавекі размаўляюць па тэлефоне.		
2	Абед у сталовай сёння вельмі смачны.		
3	Пасля абеду ў 2 гадзіны ў аўдыторыі 104 будзе лекцыя прафесара Міхайлава.		
4	Студэнтка гаворыць, што аўдыторыя вельмі вялікая.		
5	Студэнтка гаворыць, што прафесар Міхайлаў добры лектар.		
6	Студэнтка гаворыць, што прафесар Міхайлаў яшчэ малады.		
7	Гэта студэнтка была на ўсіх лекцыях прафесара Міхайлава.		

 3.8

Дыялог 3. Якія прадметы вы вывучаеце?

А. Суаднясіце словы і выразы з іх значэннем.

	Словы і выразы		Значэнне, тлумачэнне
А	прадмет	1	занятак, на якім студэнты вывучаюць гукі, інтанацыю
Б	фанетыка	2	як трэба гаварыць
В	практыка	3	вялікая навуковая работа, якую пішуць студэнты ў канцы вучобы
Г	вуснае маўленне	4	занятак, на якім студэнты займаюцца спортам
Д	пісьмовае маўленне	5	занятак, на якім вывучаюць краіну і яе традыцыі
Е	краіназнаўства	6	як трэба пісаць
Ж	фізічная культура (фізкультура)	7	напрыклад: матэматыка, геаграфія, гісторыя
З	дыпломная работа	8	трэніроўка

А	Б	В	Г	Д	Е	Ж	З

Б. Паслухайце дыялог 3.

В. Адкажыце на пытанні.

1. Калі Марыя паступіла ва ўніверсітэт? _____
2. Якія прадметы Марыя вывучае ва ўніверсітэце? _____
3. Чым займаюцца студэнты на 3, 4 курсах? _____
4. Што раяць выкладчыкі студэнтам? _____
5. Што самае галоўнае, калі вывучаеш замежную мову? _____

Г. Паслухайце дыялог яшчэ раз. Пасля запоўніце пропускі ў сказах.

Кастусь	Марыя, я толькі паступіў _____. Ты вучышся на факультэце _____ мовы?
Марыя	Віншую з паступленнем! Так, Кастусь, я вучуся _____ год.
Кастусь	Адкажы, калі ласка, а якія _____ вы вывучаеце?
Марыя	Па кітайскай мове – _____ і граматыку, практыку вуснага і пісьмовага _____.
Кастусь	Цікава! А што яшчэ ў вас ёсць, акрамя спецыяльнасці?
Марыя	Яшчэ ёсць гісторыя _____, англійская мова і _____. А на 3, 4 курсах мы будзем вывучаць _____, літаратуру, рабіць пераклады, пісаць _____.
Кастусь	Складана вучыцца ва ўніверсітэце?

МОДУЛЬ 3   ВУЧОБА. Навука для чалавека як сонца для жыцця.
学习：科学之于人，如同阳光之于生命

Марыя	Было складана спачатку, а зараз ужо _____.
Кастусь	Як выкладчыкі раяць хутчэй вывучыць замежную мову?
Марыя	Больш _____ і гаварыць, больш _____ і пісаць.
Кастусь	Так, сапраўды, калі вывучаеш замежную мову, _____ – самае галоўнае.

Д. ТАК або НЕ?

		ТАК	НЕ
1	Марыя вучыцца на першым курсе.		
2	Марыя вучыць не толькі кітайскую мову, але і вучыць гісторыю Беларусі.		
3	Для Марыі было заўсёды вучыцца лёгка.		
4	Вучыцца на 3, 4 курсах больш складана, чым на 1 або 2.		
5	Каб добра гаварыць на замежнай мове, трэба больш практыкі.		
6	Заняткаў фізкультуры ва ўніверсітэце няма.		

СЛУХАЕМ І ГАВОРЫМ

3.9

А. Праслухайце і прачытайце колькасныя лічэбнікі. Паўтарыце іх за дыктарам.

100 – сто	400 – чаты́рыста	700 – семсо́т
200 – дзве́сце	500 – пяцьсо́т	800 – восемсо́т
300 – тры́ста	600 – шэсцьсо́т	900 – дзевяцьсо́т

Б. Прачытайце правільна колькасныя лічэбнікі.

405, 407, 316, 215, 401.

В. Паслухайце расклад заняткаў. Запоўніце пропускі.

ФАКУЛЬТЭТ БЕЛАРУСКАЙ І РУСКАЙ МОЎ РАСКЛАД ЗАНЯТКАЎ НА ПЕРШЫ СЕМЕСТР ГРУПА 2022 – 01				
ДЗЕНЬ ТЫДНЯ	*ЧАС*	*ПРАДМЕТ*	*АЎДЫТОРЫЯ*	*ВЫКЛАДЧЫК*
Панядзелак	8.30 – 10.00 10.15 – 11.45	Граматыка _____	405 407	Мароз Т.А. Міхайлаў П.А.
Аўторак	_____ 13.15 – 14.45	_____ _____	316 215	Боб Уайт Лі Мін
Серада	8.30 – 10.00 _____ 13.15 – 14.45	Вуснае маўленне Фізкультура	405 401 _____	Кузняцова В.Л. Янкоўская М.М. Валошын С.П.
Чацвер	_____ 15.00 – 16.30	Пісьмовае маўленне	405 405	_____ Міхайлаў П.А.
Пятніца	10.15 – 11.45 _____	_____ Краіназнаўства	215 401	Лі Мін _____

Г. Складзіце дыялогі ў парах паводле раскладу заняткаў вышэй. Даведайцеся, дзе, у які час і ў якой аўдыторыі будзе занятак.

Узор:

• Прывітанне, ты ведаеш, калі ў нас кітайская мова?

• Кітайская мова ў пятніцу.

• У які час?

• У 10.15.

• А дзе ў нас кітайская мова?

• У аўдыторыі 215.

• А хто выкладчык?

• Выкладчык Лі Мін.

МОДУЛЬ 3 ВУЧОБА. Навука для чалавека як сонца для жыцця.
学习：科学之于人，如同阳光之于生命

Д. Раскажыце пра свой расклад. Якія ў вас ёсць прадметы? У якіх аўдыторыях вы займаецеся? У які час пачынаюцца вашы заняткі? У вас ёсць замежныя выкладчыкі?

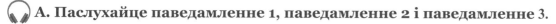

СЛУХАЕМ ТЭКСТЫ

3.10

А. Паслухайце паведамленне 1, паведамленне 2 і паведамленне 3.

Б. Паслухайце пытанні. Выберыце правільны адказ А, Б, В, ці Г.

Пытанне 1.	
А. лекцыі па краіназнаўстве	В. лекцыя па беларускай літаратуры
Б. лекцыі па гісторыі Беларусі	Г. лекцыя па геаграфіі Беларусі
Пытанне 2.	
А. выкладчык паехаў у іншы горад	В. выкладчык не ведае раскладу
Б. выкладчык захварэў	Г. у выкладчыка сустрэча на кафедры

Пытанне 3.	
А. у красавіку	В. у кастрычніку
Б. у верасні	Г. у снежні
Пытанне 4.	
А. у панядзелак і аўторак	В. у сераду і чацвер
Б. у суботу і нядзелю	Г. у чацвер і пятніцу
Пытанне 5.	
А. кітайскае кунг-фу	В. студэнцкі тэатр
Б. беларускія танцы	Г. пераклад кітайскіх фільмаў на беларускую мову
Пытанне 6.	
А. раніцай і вечарам	В. вечарам і ноччу
Б. толькі вечарам	Г. апоўдні
Пытанне 7.	
А. усе студэнты другога курса	В. усе старшаркурснікі
Б. усе першакурснікі	Г. студэнты, якім не падабаецца іх адзнака
Пытанне 8.	
А. у аўдыторыі 306, у 10 гадзін	В. у аўдыторыі 6, у 10 гадзін
Б. у аўдыторыі 36, у 9 гадзін	Г. у аўдыторыі 360, у 9 гадзін

В. Паслухайце паведамленні яшчэ раз. Дапішыце сказы.

(1) Вы чулі навіну? Сёння не будзе _____

_____

_____

_____

(2) Шукаем таленты! _____

_____

_____

_____

(3) Важная навіна! _____

_____

МОДУЛЬ 3   ВУЧОБА. Навука для чалавека як сонца для жыцця.
学习：科学之于人，如同阳光之于生命

_____
_____
_____

3.11

А. Паслухайце тэкст.

Б. Паслухайце пытанні. Выберыце правільны адказ А, Б, В, ці Г.

Пытанне 1.	
А. Андрэю, Таццяне і Машы	В. дзядулю
Б. выкладчыцы англійскай мовы	Г. бацькам
Пытанне 2.	
А. у лісце	В. у паведамленні
Б. па тэлефоне	Г. у размове
Пытанне 3.	
А. у Андрэя новы добры камп'ютар	В. у Андрэя шмат цікавых фільмаў на англійскай мове
Б. у Андрэя шмат англійскай музыкі	Г. рабіць усё разам з сябрам лепш
Пытанне 4.	
А. хадзіў у кіно на англійскі фільм	В. чытаў падручнік па англійскай мове
Б. гуляў у камп'ютар	Г. хадзіў у начны клуб
Пытанне 5.	
А. яна вучыцца выдатна	В. у яе ёсць сябар з Англіі
Б. яна жыла ў Амерыцы	Г. яе дзядуля амерыканец
Пытанне 6.	
А. Міхась здаў экзамен на чытыры	В. Міхась здаў экзамен на "выдатна"
Б. Міхась не здаў экзамен	Г. Міхась не прыйшоў на экзамен, таму што спаў

В. Паслухайце тэкст яшчэ раз. Што рабіў Міхась перад экзаменам? Вы таксама так робіце?

1. Перад экзаменам Міхась хадзіў _____.

    Я заўсёды / ніколі не / таксама часам_____.

2. Перад экзаменам Міхась _____ з сябрамі.

　　Я заўсёды / ніколі не / таксама часам_____.

3. Перад экзаменам Міхась не чытаў _____.

　　Я заўсёды / ніколі не / таксама часам _____.

СЛУХАЕМ І ПІШАМ

3.12

А. Паслухайце тэкст.

Б. Напішыце дыктант.

МОДУЛЬ 3   ВУЧОБА. Навука для чалавека як сонца для жыцця.
学习：科学之于人，如同阳光之于生命

СЛУХАЕМ ПЕСНЮ

🎧 3.13

А. Паслухайце гімн Беларускага дзяржаўнага ўніверсітэта. Якая гэта песня: вясёлая або сумная, хуткая або павольная, урачыстая ці звычайная? Ці падабаецца вам гімн БДУ?

Б. Паслухайце гімн БДУ яшчэ раз. Запоўніце пропускі.

Музыка Ігара Лучанка і Сяргея Бельцюкова

Словы Леаніда Дранько-Майсюка

Шчасце _____ – жаданае _____
У самастойным _____;
Трэба і _____, і _____ прыкласці,
Папараць-кветку _____.

Прыпеў:
Беларускі дзяржаўны _____ –
Дом _____ айчыннай і творчасці _____.
Веды слаўных вякоў у твой лёс увайшлі
І _____ нашай любай зямлі.
Светлы, прасторны, гасцінны і _____!
З будучыняй _____!
Папараць-кветка галінкай лагоднай
Герб упрыгожыла _____.

В. Паспрабуйце развучыць гэты гімн і спець разам з аднагрупнікамі.

ЦІКАВА ВЕДАЦЬ!

Ігар Міхайлавіч Лучанок — беларускі кампазітар і педагог. Заслужаны дзеяч мастацтваў Беларусі (1973), народны артыст Беларусі (1982) і СССР (1987), заслужаны дзеяч культуры Польшчы. Прафесар.

Напісаў хоры, творы для эстраднага аркестра, музыку да драматычных спектакляў, радыё- і тэлепастановак, тэле- і кінафільмаў. Аўтар музыкі для дзяцей.

伊戈尔·米哈伊洛维奇·卢切诺克——白俄罗斯作曲家、教育家。白俄罗斯功勋艺术家（1973），白俄罗斯人民演员（1982）和苏联人民演员（1987），波兰文化功勋工作者，教授。

他为合唱团、曲艺乐团写了很多作品，为话剧、广播、电影、电视节目作曲，同时也是很多儿童歌曲的作者。

Пра што новае вы даведаліся ў гэтым модулі? Якія новыя словы вывучылі?

МОДУЛЬ 4

ПРАЦОЎНЫ ДЗЕНЬ. Дрэва славіцца пладамі, а чалавек працаю.
工作日：树以果实闻名，人以工作闻名

МОДУЛЬ 4   ПРАЦОЎНЫ ДЗЕНЬ. Дрэва славіцца пладамі, а чалавек працаю.
工作日：树以果实闻名，人以工作闻名

СЛУХАЕМ І ЎСПАМІНАЕМ

4.1

Слухайце словы. Паўтарайце за дыктарам толькі словы па тэме "Працоўны дзень". Не паўтарайце словы па тэме "Выхадны дзень". Запішыце словы па тэме "Працоўны дзень".

_____
_____
_____

4.2

Паслухайце пытанні. Напішыце да іх адказы.

1. _____
2. _____
3. _____
4. _____
5. _____

СЛУХАЕМ І ЧУЕМ

 4.3

Паслухайце словы. Што вы чуеце? Падкрэсліце тое, што вы чуеце.

1. Заўсёды ў аўторак – заўсёды і аўторак

2. Першы тыдзень – першы дзень

3. У сераду і чацвер – усе мы ў чацвер

4. Ганна ўстае рана – рана ўстае Ганна

5. Я не буду снедаць – я не буду ў сераду

6. Ты дома вячэраў – ты дома вечарам

7. У пятніцу і ў чацвер – у пятніцу ўвечары

8. Абедаць не дома – абедаць з ім дома

4.4

Паслухайце словазлучэнні. Які час дзеяслова вы чуеце: цяперашні (ЦЧ), прошлы (ПЧ) або будучы (БЧ). Адказ запішыце.

1. рабіць зарадку	5. хадзіць па магазінах	9. запрашаць гасцей
2. прачынацца рана	6. спазняцца на работу	10. вячэраць дома
3. мыцца	7. абедаць у сталовай	11. рабіць хатнія справы
4. чысціць зубы	8. глядзець тэлевізар	12. ісці спаць

4.5

Паслухайце сказы. Колькі ў іх слоў?

1	2	3	4	5	6	7	8

СЛУХАЕМ ДЫЯЛОГІ

4.6

Дыялог 1. Час прачынацца! Добрай раніцы!

МОДУЛЬ 4   ПРАЦОЎНЫ ДЗЕНЬ. Дрэва славіцца пладамі, а чалавек працаю.
工作日：树以果实闻名，人以工作闻名

А. Суаднясіце словы і выразы з іх значэннем.

	Словы і выразы		Значэнне, тлумачэнне
А	час *(рабіць нешта)*	1	звычайны беларускі сняданак
Б	малако, каша, хлеб	2	магу я гэта рабіць?
В	хутчэй *(рабі нешта)*	3	безумоўна, немінуча
Г	можна?	4	начальнік, галоўны ў школе
Д	прачынацца	5	уставаць з ложку раніцай
Е	абавязкова	6	я чакаю, таму трэба рабіць хутка
Ж	дырэктар	7	парá *(рабіць нешта)*

А	Б	В	Г	Д	Е	Ж

Б. Паслухайце дыялог 1.

В. Адкажыце на пытанні.

1. Хто размаўляе? _____

2. Дзе яны знаходзяцца? _____

3. Якія словы маці паўтарае ўвесь час? _____

4. Чаму Антосю трэба сёння абавязкова ісці ў школу? _____

Г. Паслухайце дыялог яшчэ раз. Пасля запоўніце пропускі ў сказах.

Маці	Антось, _____! Ужо амаль 8 гадзін!
Антось	Ужо? Матуля, яшчэ крыху... _____?
Маці	Антось, _____! Твой сняданак ужо на стале: _____.
Антось	Маці, я хачу спаць…
Маці	_____! Трэба мыцца, _____ і рабіць зарадку!
Антось	Яшчэ _____. Праз _____ я ўстану!
Маці	Антось, каша ўжо амаль халодная! Хутчэй прачынайся! Цябе чакаюць _____!

Антось	Маці, _____ не ісці мне сёння ў школу? Можна я сёння буду ў сваім ложку, дома?
Маці	Антось, нельга! Табе нельга не хадзіць у школу!
Антось	Чаму? Я не хачу ісці ў школу...
Маці	Табе _____ трэба ісці ў школу! Ты ўжо не маленькі! Табе _____! Ты _____ школы!

Д. ТАК або НЕ?

		ТАК	НЕ
1	Маці размаўляе з дачкой.		
2	Звычайны беларускі снядак – гэта хлеб, малако, каша.		
3	Антось вучыцца ў школе.		
4	Штодзень Антосю трэба хадзіць у школу.		
5	Антосю 45 гадоў.		
6	Антось любіць спаць раніцай доўга.		

Е. Разыграйце гэты дыялог. Адзін студэнт – маці, іншы студэнт – Антось.

🎧 4.7

Дыялог 2. У мяне справы з ранку да вечара!

А. Суадносіце словы і выразы з іх значэннем.

	Словы і выразы		Значэнне, тлумачэнне
А	сеанс	1	працаваць у вольны час
Б	падпрацоўваць	2	чалавек, які працуе ў кафэ, прыносіць ежу і напоі
В	сямейнае свята	3	увесь дзень
Г	прапускаць лекцыі	4	напрыклад: дзень нараджэння, вяселле
Д	па́ра	5	не хадзіць на заняткі
Е	афіцыянт	6	напрыклад: юнак і дзяўчына, муж і жонка
Ж	з ранку да вечара	7	у 21:00
З	а 21 гадзіне	8	калі паказваюць фільм, ідзе каля 2 гадзін

МОДУЛЬ 4   ПРАЦОЎНЫ ДЗЕНЬ. Дрэва славіцца пладамі, а чалавек працаю.
工作日：树以果实闻名，人以工作闻名

А	Б	В	Г	Д	Е	Ж	З

Б. Паслухайце дыялог 2.

В. Адкажыце на пытанні.

1. Хто размаўляе? _____

2. Куды Андрэй хоча запрасіць Вольгу? _____

3. Вольга можа ісці з Андрэем? _____

4. Вользе падабаецца Андрэй? _____

Г. Паслухайце дыялог яшчэ раз. Пасля запоўніце пропускі ў сказах.

Андрэй	Вольга, я хачу запрасіць цябе _____! На вячэрні _____.
Вольга	Андрэй, мяне? А на які _____?
Андрэй	Гэта новы амерыканскі _____. Сеансы сёння цэлы дзень. Напрыклад, у _____ гадзін.
Вольга	Прабач, Андрэй, але сёння ў _____ гадзін я не магу. У працоўныя дні з 18 да 19 я хаджу ў басейн. У мяне справы _____!
Андрэй	Нічога… Тады можна ў _____ – пасля 14 гадзін.
Вольга	На жаль, Андрэй, я таксама не магу, бо я падпрацоўваю _____ у кафэ пасля заняткаў.
Андрэй	Так, праца – гэта вельмі важна. Можа быць, у 12 гадзін?

Вольга	У 12 гадзін я абедаю з бацькамі. У нас _____: мы святкуем дзень народзінаў _____
Андрэй	А-а-а! Віншую! Тады можна раніцай ісці, у 10 гадзін!
Вольга	Не, Андрэй, нельга прапускаць заняткі _____!
Андрэй	Можа быць, _____ вечарам?
Вольга	Не, Андрэй, _____ мяне запрасіў Вадзім на дыскатэку. Усе гавораць, што мы цудоўная _____!

Д. ТАК або НЕ?

		ТАК	НЕ
1	Зараз у кінатэатрах ідзе новы амерыканскі фільм.		
2	Вольга занятая ўвесь дзень.		
3	Вольга не можа ісці раніцай у кіно, бо яна працуе.		
4	Днём Вольга абедае са сваімі бацькамі, таму што ў яе бацькі дзень нараджэння.		
5	З 18 да 19 гадзін вечара Вольга займаецца спортам.		
6	У 21:00 Вольга пойдзе ў начны клуб.		
7	Вольга не хоча ісці ў кіно з Андрэем, бо ёй больш падабаецца танцаваць.		
8	Вольга не хоча ісці ў кіно з Андрэем, бо ёй больш падабаецца Вадзім.		

🎧 4.8

Дыялог 3. Ці ты ўжо паела?

МОДУЛЬ 4   ПРАЦОЎНЫ ДЗЕНЬ. Дрэва славіцца пладамі, а чалавек працаю.

工作日：树以果实闻名，人以工作闻名

А. Суаднясіце словы і выразы з іх значэннем.

	Словы і выразы		Значэнне, тлумачэнне
А	вітацца, павітацца	1	перасячэнне дзвюх вуліц
Б	літаральна	2	адчуванне, якое ўзнікае ад ежы
В	галодны	3	казаць "вітаю", "добры дзень", "добры вечар"
Г	на рагу вуліцы	4	чай
Д	смак	5	у прамым сэнсе
Е	густ	6	зрабіць заказ у кафэ, рэстаране
Ж	гарбата	7	чалавек, які хоча есці
З	замовіць	8	схільнасць, любоў да чагосьці

А	Б	В	Г	Д	Е	Ж	З

Б. Паслухайце дыялог 3.

В. Адкажыце на пытанні.

1. Ці павітаўся Цунюань з Ясяй? _____
2. Хто каго запрасіў ў кафэ? _____
3. Што Цунюань параіў замовіць Ясі? _____
4. Ці будзе Яся есці рыс? _____
5. Ці праўда, што Цунюань хоча наведаць беларускі рэстаран? Чаму? _____
_____

Г. Паслухайце дыялог яшчэ раз. Пасля запоўніце пропускі ў сказах.

Цунюань	Яся, ці ты ўжо _____?
Яся	Цунюань, спачатку трэба _____! Добры вечар!
Цунюань	Добры! Яся, прабач, я з табой павітаўся! У _____ культуры спытаць "ці ты ўжо паеў?" – гэта значыць _____!
Яся	Ого! Цікава, я пра гэта не ведала. Калі адказаць на тваё пытанне _____ _____, то я вельмі хачу есці!

Цунюань	Цудоўна! Я таксама вельмі галодны! Яся, тады запрашаю цябе ў _____ _____ кафэ, якое знаходзіцца _____ Багушэвіча.
Яся	Дзякуй, з задавальненнем прымаю запрашэнне! Што ты раіш _____, каб адчуць смак кітайскай кухні?
Цунюань	На _____, раю замовіць курыцу ў кісла-салодкім соусе, а таксама кітайскую _____!
Яся	Цунюань, а рыс?
Цунюань	Рыс замовім абавязкова, бо для кітайскай кухні рыс – гэта _____!
Яся	Добра! Я ўжо адчуваю _____ гэтай курыцы!
Цунюань	Гэта выдатна! Наступным разам, Яся, чакаю запрашэння ў кафэ з _____ _____ стравамі!

Д. ТАК або НЕ?

		ТАК	НЕ
1	Цунюань – ветлівы чалавек.		
2	Яся была вельмі галодная.		
3	Кітайскае кафэ знаходзіцца на рагу вуліцы Макаёнка.		
4	Галоўная страва кітайскай кухні – курыца ў кісла-салодкім соусе.		
5	Рыс заўсёды будзе на кітайскім стале.		
6	Цунюань хоча наведаць кафэ з беларускімі стравамі.		

СЛУХАЕМ І ГАВОРЫМ

 4.9

А. Паслухайце праграму тэлеперадач на аўторак 15 сакавіка. Адзначце час тэлеперадач.

МОДУЛЬ 4   ПРАЦОЎНЫ ДЗЕНЬ. Дрэва славіцца пладамі, а чалавек працаю.
工作日：树以果实闻名，人以工作闻名

06:00	Праграма "Добрай раніцы, Беларусь!"
	Навіны
	Навіны культуры
	Праграма "Добрай раніцы, Беларусь!"
	Праграма "Здароўе"
	Гістарычны фільм "Анастасія Слуцкая"
	Навіны рэгіёнаў
	Навіны
	Мультфільм "Несцерка"
	Інтэлектуальнае шоу для дзяцей "Я ведаю!"
	Тэлебарометр
	Навіны культуры
	Ток-шоу "Мужчына і жанчына"
	Навіны рэгіёнаў
	Навіны. Галоўны выпуск
	Сямейная камедыя "Ноч у музеі"
	Праграма для дзяцей "Калыханка"
	Культурніцкая праграма "Жывая спадчына Беларусі"
	Футбол "Беларусь – Францыя". Кубак Еўропы
	Дэтэктыўны серыял "Хованкі"

Б. Назавіце час кожнай тэлеперадачы. Выкарыстоўвайце розныя варыянты.

Узор : 6:30 – шэсць гадзін трыццаць хвілін; палова сёмай; палова на сёмую.

В. Скажыце, якія тэлеперадачы вы хочаце паглядзець? Ці атрымаецца ў вас гэта зрабіць? Ці будзе ў вас вольны час?

Напрыкла д: У 10:05 я хачу паглядзець гістарычную драму "Анастасія Слуцкая", але ў гэты час я буду на занятках. Я хачу паглядзець ток-шоу "Мужчына і жанчына", якое пачынаецца ў 16:30. У мяне будзе вольны час.

СЛУХАЕМ ТЭКСТЫ

 4.10

А. Паслухайце рэкламныя тэксты (1, 2, 3).

Б. Каму з гэтых людзей цікавая першая, другая ці трэцяя рэклама?

	А. Вольга. Я люблю актыўнае жыццё. Мне падабаецца доўга гуляць, асабліва ў цэнтры горада каля ракі Свіслач. Мне падабаюцца спартыўныя гульні з мячом. У мяне ёсць вольны час па панядзелках, серадах і пятніцах. Якім спортам мне заняцца?
Б. Алеся. Мая дачка Даша – падлетак, у яе шмат вольнага часу летам. Яна вельмі любіць жывёл і новыя знаёмствы. Даша хоча дапамагаць жывёлам, але ў я не ведаю, у які гурток яе запісаць.	
	В. Рыгор. Мая жонка Алена, сын Стась і я жывём пад Мінскам. У суботу мы любім наведваць розныя цікавыя месцы ў горадзе. Мой сын Стась марыць пра конную прагулку, а таксама хоча наведаць заапарк. Як вы параіце нам правесці наступную суботу?

А	Б	В

МОДУЛЬ 4   ПРАЦОЎНЫ ДЗЕНЬ. Дрэва славіцца пладамі, а чалавек працаю.
工作日：树以果实闻名，人以工作闻名

4.11

А. Паслухайце тэкст.

Б. Паслухайце пытанні. Выберыце правільны адказ А, Б, В, ці Г.

Пытанне 1.	
А. пятніца і субота	В. субота і нядзеля
Б. субота	Г. пятніца
Пытанне 2.	
А. з суседкай Марынай	В. з сяброўкай Галінай
Б. з сяброўкай Карынай	Г. з суседкай Ірынай
Пытанне 3.	
А. у іншым горадзе	В. у суседняй вёсцы
Б. у Магілёве	Г. у іншай краіне
Пытанне 4.	
А. таму што ён блізка ад інтэрната	В. там працуе іх сяброўка
Б. там шмат сімпатычных хлопцаў	Г. там знаходзіцца іх любімае кафэ
Пытанне 5.	
А. у акадэміі музыкі	В. у эканамічным каледжы
Б. у педагагічным універсітэце	Г. у лінгвістычным універсітэце
Пытанне 6.	
А. чацвер	В. нядзеля
Б. пятніца	Г. субота

В. Паслухайце тэкст яшчэ раз. Што вы робіце ў выхадныя дні? Як праходзіць ваша субота ці нядзеля? Раскажыце.

СЛУХАЕМ ПЕСНЮ

🎧 4.12

А. Паслухайце песню ў выкананні спевака Мікіты "Пакліч" на верш беларускай паэтэсы Яўгеніі Янішчыц "Ты пакліч мяне. Пазаві". Якая гэта песня: вясёлая або сумная, хуткая або павольная, урачыстая ці звычайная? Ці падабаецца яна вам?

Б. Паслухайце песню яшчэ раз. Запоўніце пропускі.

Ты пакліч _____. Пазаві.

Там заблудзімся ў хмельных _____.

Пачынаецца ўсё з _____,

Нават _____ ява.

І тады _____ не крыві

На дарозе _____ шырокай.

Пачынаецца ўсё з _____ –

Першы _____ і першыя _____.

Пачынаецца ўсё з _____,

Пачынаецца ўсё з _____,

Пачынаецца ўсё з _____,

Пачынаецца ўсё з _____,

Пачынаецца ўсё з _____,

Пачынаецца ўсё з _____.

В. Паспрабуйце развучыць гэту песню і спець разам з аднагрупнікамі.

МОДУЛЬ 4　ПРАЦОЎНЫ ДЗЕНЬ. Дрэва славіцца пладамі, а чалавек працаю.
工作日：树以果实闻名，人以工作闻名

ЦІКАВА ВЕДАЦЬ!

Яўге́нія Яні́шчыц (1948—1988) — беларуская паэтэса, перакладчыца. Яе паэзіі ўласцівы роздум пра жыццё, бацькоўскі край, гераічнае мінулае і сучаснасць, тэмы сяброўства, кахання, мацярынства. З самага першага зборніка тэма роднага краю становіцца галоўнай у паэзіі Яўгеніі Янішчыц.

Яўгенія Янішчыц – аўтар літаратурна-крытычных артыкулаў, рэцэнзій і інш. Перакладала на беларускую мову з рускай і ўкраінскай. Асобныя вершы Я. Янішчыц пакладзены на музыку. Напрыклад, верш "Ты пакліч мяне. Пазаві".

叶夫根尼娅·亚尼希茨（1948—1988）——白俄罗斯诗人、翻译家。对生活、故乡、英雄式的过去和现在的思考，以及友谊、爱情和母性的主题，是亚尼希茨诗歌创作的主要内容。从第一本诗集开始，叶夫根尼娅·亚尼希茨的诗歌就一直以"祖国"为创作主题。

除诗歌创作外，叶夫根尼娅·亚尼希茨还撰写文学评论类的文章和其他作品。她曾将俄语和乌克兰语的作品翻译成白俄罗斯语。叶夫根尼娅·亚尼希茨的部分诗歌还被改编成歌曲，例如诗歌《请你呼唤我！呼唤我吧！》。

Пра што новае вы даведаліся ў гэтым модулі? Якія новыя словы вывучылі?

МОДУЛЬ 5

ДОМ, КВАТЭРА. У гасцях добра, а дома лепш.

家、房子：金窝银窝，不如自己的土窝

МОДУЛЬ 5   ДОМ, КВАТЭРА. У гасцях добра, а дома лепш.
家、房子：金窝银窝，不如自己的土窝

СЛУХАЕМ І ЎСПАМІНАЕМ

🎧 5.1

Слухайце словы. Паўтарайце за дыктарам толькі словы тэмы "Дом". Не паўтарайце словы тэмы "Ежа". Запішыце словы тэмы "Дом".

_____
_____
_____

🎧 5.2

Паслухайце пытанні. Напішыце да іх адказы.

1. _____
2. _____
3. _____
4. _____
5. _____
6. _____

СЛУХАЕМ І ЧУЕМ

🎧 5.3

Паслухайце словы. Што вы чуеце? Падкрэсліце тое, што вы чуеце.

1. Каля сцяны канапа – каля канапы лямпа

2. Яны ў пакоі – я не ў пакоі

3. Сядзела на крэсле – дзе крэсла

4. Дыван на падлозе – ды ванна з вадой

5. Гасцёўні няма – госці і мама

6. Глядзіце ў акно – глядзіць яна ў акно

7. Сталы і крэслы – стаялі крэслы

8. Кватэра мая – кватэра малая

9. У мяне ложак – у мяне лыжка

 5.4

Паслухайце словы. Напішыце, у якім склоне словы, якія вы пачулі (1, 2, 3, 4, 5, 6).

1. шафа		2. туалет		3. пакой	
4. кухня		5. лямпа		6. ложак	
7. сцяна		8. акно		9. падлога	
10. карціна		11. ванна		12. паверх	

 5.5

Паслухайце сказы. Вы чуеце тое, што напісана або не?

		ТАК	НЕ
1	У гэтай кватэры жыў я і бацька.		
2	У нашай кватэры чатыры пакоі.		
3	І госці елі на канапе, а ёсць стол і крэслы.		
4	На сцяне прыгожая карціна.		
5	На карціне маленькія дзеці.		
6	Вечарам у гасцёўні мы глядзім тэлевізар.		
7	Алена чытае ў сваім пакоі.		
8	Мы раз глядзім тэлевізар.		

МОДУЛЬ 5   ДОМ, КВАТЭРА. У гасцях добра, а дома лепш.
家、房子：金窝银窝，不如自己的土窝

🎧 5.6

Паслухайце сказы. Колькі ў іх слоў?

1	2	3	4	5	6	7	8

СЛУХАЕМ ДЫЯЛОГІ

🎧 5.7

Дыялог 1. У цябе новы пакой!

А. Суаднясіце словы і выразы з іх значэннем.

	Словы і выразы		Значэнне, тлумачэнне
А	светлы пакой	1	размясціць вертыкальна ‖
Б	паставіць (што, куды)	2	вельмі добрая ідэя
В	зручна	3	ёсць вялікія вокны, у іх свеціць сонца
Г	мець рацыю	4	размясціць гарызантальна =
Д	выдатна!	5	правільна
Е	пакласці	6	лёгка карыстацца

А	Б	В	Г	Д	Е

Б. Паслухайце дыялог 1.

В. Адкажыце на пытанні.

1. Колькі чалавек размаўляе? _____

2. Хто яны? _____

3. Як іх завуць? _____

4. Дзе яны размаўляюць? _____

5. Што яны робяць? _____

6. Чаму хлопец рады? _____

Г. Паслухайце дыялог яшчэ раз. Пасля запоўніце пропускі ў сказах.

Сцяпан	Сінь! У цябе вельмі прыгожы і _____пакой!
Сінь	Так, ён мне _____, але тут яшчэ няма ўсіх рэчаў.
Сцяпан	Ты ўсё ставіш па фэн-шую?
Сінь	Ого! Ты ведаеш _____ традыцыі?
Сцяпан	Не, я ведаю _____, але не ведаю значэння.
Сінь	"Фэн" – гэта вецер, "шуэ" – _____. Кітайцы вераць, што калі рэчы размешчаны _____ ў пакоі, то жыццё людзей будзе добрае.
Сцяпан	Куды _____ гэтыя падручнікі?
Сінь	На гэтую паліцу, каля пісьмовага стала. _____, калі яны блізка.
Сцяпан	_____. А фотаздымкі бацькоў?
Сінь	Я пастаўлю іх _____. Буду працаваць на камп'ютары і глядзець на іх.
Сцяпан	_____! А мой фотаздымак тут ёсць?
Сінь	Не, Сцяпан, я паставіла яго _____.
Сцяпан	Выдатна! Цяпер я ведаю, пра каго ты думаеш ноччу. А чаму тут сшыткі з відэльцамі і _____?
Сінь	Бо я не мела часу ўсё _____на свае месцы. Я нядаўна прыехала ў інтэрнат.

Д. ТАК або НЕ?

		ТАК	НЕ
1	Сцяпан нядаўна пачаў жыць у новым пакоі ў інтэрнаце.		
2	Сінь яшчэ не паставіла ўсе рэчы.		
3	Падручнікі паставілі на стале, бо гэта зручна.		
4	Сінь сумуе па сваіх бацьках.		
5	Сцяпан паставіў свой фотаздымак каля ложка.		
6	Сінь кахае Сцяпана.		
7	Гэта добрая ідэя, калі сшыткі разам з відэльцамі.		

МОДУЛЬ 5   ДОМ, КВАТЭРА. У гасцях добра, а дома лепш.
家、房子：金窝银窝，不如自己的土窝

Е. Разыграйце гэты дыялог. Адзін студэнт – Сінь, другі – Сцяпан.

🎧 5.8

Дыялог 2. Мне трэба кватэра!

А. Суаднясіце словы і выразы з іх значэннем.

	Словы і выразы		Значэнне, тлумачэнне
А	шукаць кватэру	1	з мэбляй
Б	аднапакаёвая	2	дом
В	ідуць маразы	3	у кватэры ёсць адзін пакой, кухня, ванная і туалет
Г	не мае значэння	4	хутка будзе вельмі холадна
Д	наконт	5	пра
Е	будынак	6	не важна
Ж	пасля рамонту	7	нядаўна быў рамонт
З	мэбляваная	8	глядзець розныя кватэры

А	Б	В	Г	Д	Е	Ж	З

Б. Паслухайце дыялог 2.

В. Адкажыце на пытанні.

1. Колькі чалавек размаўляе? _____
2. Пра што яны размаўляюць? _____
3. Як іх завуць? _____
4. Дзяўчына шукае цёплую кватэру ці халодную? _____
5. Дзяўчына хоча кватэру з балконам? _____
6. Чаму яна хоча мэбляваную кватэру? _____

Г. Паслухайце дыялог яшчэ раз. Напішыце, хто гаворыць сказы, Пятро ці Мэйлі.

		Гэта не мае значэння для мяне, але не хачу на першым.
		А кватэра павінна быць мэбляваная?
		Ты ж ведаеш, Пятро, я не маю многа грошай. Магу плаціць 400 рублёў на месяц.
		Можа быць, але не абавязкова.
		Я не думала пра гэта. Магчыма, у новым. Але калі ў старым, то кватэра павінна быць пасля рамонту.
		Добра, будзем разам шукаць у інтэрнэце.
		Шукаем невялікую, аднапакаёвую кватэру, у цэнтры ці недалёка ад метро. Павінна быць светлая, сонечная і цёплая. Я ведаю, што зіма ў Беларусі можа быць халодная.
		Якую кватэру шукаем?
		Так, Мэйлі, ідуць маразы. А на якім паверсе хочаш жыць?
		А што наконт балкона?
		Хочаш кватэру ў новым ці ў старым будынку?
		Так, натуральна. У мяне няма мэблі. Але я куплю ложак сама.
		І яшчэ пытанне – цана. Колькі можаш плаціць?

Д. Цяпер пастаўце рэплікі ў правільным парадку.

Е. ТАК або НЕ?

		ТАК	НЕ
1	Мэйлі дапамагае Пятру шукаць новую кватэру.		
2	Кватэра павінна быць недалёка ад метро.		
3	Кватэра не павінна быць мэбляваная, бо ў Мэйлі ёсць мэбля.		
4	Кватэра можа быць на першым паверсе.		
5	Кватэра можа быць без балкона.		
6	Мэйлі хоча кватэру ў старым доме, бо ў яе няма мэблі.		

МОДУЛЬ 5   ДОМ, КВАТЭРА. У гасцях добра, а дома лепш.
家、房子：金窝银窝，不如自己的土窝

Ж. Раскажыце, якую кватэру шукае Мэйлі. Раскажыце, якую кватэру вы хочаце.

 5.9

Дыялог 3. Наша новая кватэра.

А. Суаднясіце словы і выразы з іх значэннем.

	Словы і выразы		Значэнне, тлумачэнне
А	гасцёўня пустая	1	тыя людзі, чыя кватэра
Б	гаспадары кватэры	2	страва, якую гатуюць вельмі добра
В	поспех	3	без мэблі
Г	жадаць дабрабыту	4	усё добра ў справах
Д	фірмовая страва	5	жанчына, якое гатуе, прыбірае, робіць дамашнюю працу
Е	усё пад рукой	6	блізка
Ж	гаспадыня	7	жадаць, каб дома было ўсё, што трэба

А	Б	В	Г	Д	Е	Ж

Б. Паслухайце дыялог 3.

В. Адкажыце на пытанні.

1. Дзе размаўляюць Лі Дэмін і Надзя? _____
2. Чаму ў гасцёўні няма мэблі? _____
3. Што падарыў Лі Дэмін? _____
4. Якая кухня у Надзі? _____
5. Як гатуе Надзя? _____
6. Якая Надзіна фірмовая страва? _____

Г. Паслухайце дыялог яшчэ раз. Дапішыце сказы. Выкарыстоўвайце "словы для даведкі". Словы можна паўтараць.

словы для даведкі
паглядзець, кватэра, пад рукой, пакой, сям'я, гасцёўня, мэбля, новы, посуд, госці, люстэрка, карціна, падарунак, дабрабыт, дзякуй, гатаваць, стол, абедаць, смачна, гаспадыня

Надзя	Лі Дэмін! Калі ласка, праходзьце.
Лі Дэмін	З задавальненнем. Надзя, бачу, што _____. А колькі _____?
Надзя	Так, кватэра вялікая, чатыры пакоі. Але вы ж ведаеце: _____ – дочкі і мы з мужам.
Лі Дэмін	У вас вельмі вялікая гасцёўня. Высокая столь. Вялікія вокны. А _____?
Надзя	Мы яшчэ не купілі новую мэблю, а старую не ставім, бо хочам _____.
Лі Дэмін	А што вы хочаце тут паставіць?
Надзя	Злева каля сцяны – будзе шафа для посуду. У мяне ёсць _____. Ён стары, але вельмі прыгожы. Цяпер такога не робяць., я _____.
Лі Дэмін	А справа каля дзвярэй?
Надзя	Там паставім камоду. Насупраць канапа і фатэлі. Пасярэдзіне абедзенны стол і шэсць крэслаў.
Лі Дэмін	А _____ тут будзе?

МОДУЛЬ 5   ДОМ, КВАТЭРА. У гасцях добра, а дома лепш.
家、房子：金窝银窝，不如自己的土窝

Надзя	Не. У нас вялікае люстэрка ёсць у прыхожай. У гасцёўні мы _____ _____.
Лі Дэмін	У нас у Кітаі добра, калі там, _____ вісіць люстэрка. Яно дапамагае мець усяго многа. Я маю для вас _____. Вось, калі ласка!
Надзя	Ого! Што гэта?
Лі Дэмін	На гэтай карціне іерогліф. Ён значыць "Грошы". Я жадаю вашай сям'і _____.
Надзя	Вельмі прыемна!_____!
Лі Дэмін	А што так смачна пахне?
Надзя	Вы прыйшлі да нас ў новую кватэру першы раз. Я гатую маю _____. – дранікі з мясам. Я пакажу вам маё любімае месца ў кватэры – кухню.
Лі Дэмін	О, мне вельмі цікава. Якая _____! У нас у Кітаі кухня – гэта шафы, пліта і месца, каб мыць посуд. Там _____..
Надзя	Не, у Беларусі кухня – заўсёды асобны пакой. Я рада, што _____ _____. Я вельмі _____, таму шмат часу знаходжуся тут.
Лі Дэмін	У вас тут прыгожыя шафы, круглы стол і крэслы.
Надзя	У нядзелю _____. Мне падабаецца, што _____. А зараз мы вас _____, і, як кажуць у Беларусі, _____.
Лі Дэмін	Шчыры дзякуй! Надзя, _____!

Д. ТАК або НЕ?

		ТАК	НЕ
1	Лі Дэмін першы раз у новай кватэры Надзі.		
2	У гасцёўні ёсць шафа. Там стары посуд Надзінай бабулі.		
3	Абедзенны стол і шэсць крэслаў стаяць насупраць люстэрка.		
4	Лі Дэмін падарыў грошы.		
5	Надзя добра гатуе дранікі з мясам.		
6	Лі Дэмін запрасілі паабедаць.		

Е. Разыграйце гэты дыялог. Адзін з вас госць, а другі – гаспадар (гаспадыня).

СЛУХАЕМ І РАЗУМЕЕМ

А. Паслухайце тэкст (1) "Мой пакой". Што ёсць у пакоі? Напішыце.

Б. Паслухайце апісанне пакоя яшчэ раз. Намалюйце, дзе што стаіць. Ці ўсе намаляваныя рэчы ёсць у пакоі? Якія рэчы не намаляваны?

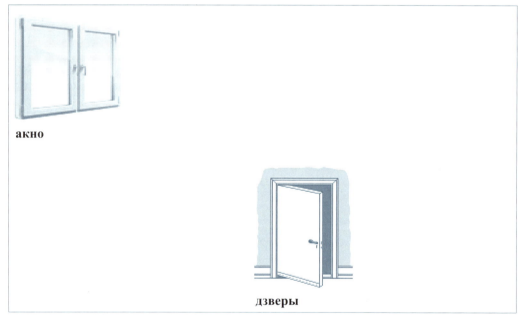

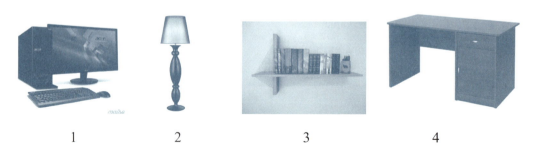

1　　　　　2　　　　　3　　　　　4

МОДУЛЬ 5   ДОМ, КВАТЭРА. У гасцях добра, а дома лепш.
家、房子：金窝银窝，不如自己的土窝

5   6   7   8

9   10   11

В. Выберыце любы прадмет у пакоі. Не называйце яго. Няхай ваш аднагрупнік скажа, пра які прадмет вы гаворыце.

Узор: Гэты прадмет ляжыць на падлозе перад канапай. На ім можна сядзець. Што гэта? – Гэта дыван.

5.11

 **А. Паслухайце тэкст 2.**

Б. Паслухайце пытанні. Выберыце правільны адказ А, Б, В, або Г.

Пытанне 1.	
А. у трохпакаёвай кватэры на дзявятым паверсе	В. у двухпакаёвай кватэры на другім паверсе
Б. у трохпакаёвай кватэры на дзевятнаццатым паверсе	Г. у трохпакаёвай кватэры на першым паверсе

Пытанне 2.	
А. раён называецца "Зялёны Мінск"	В. раён называецца "Зялёны луг"
Б. раён называецца "Зялёны Усход"	Г. раён называецца "Добры раён"
Пытанне 3.	
А. з вокнаў відаць вёска	В. ён днём спіць, а ноччу глядзіць у акно
Б. ён любіць ездзіць на ліфце	Г. з вокнаў відаць увесь прыгожы раён
Пытанне 4.	
А. Міхась хоча жыць на першым паверсе	В. усе жывуць на першым ці другім паверсе
Б. усе ідуць пешшу і рады, што можна займацца спортам	Г. бацькі едуць у вёску
Пытанне 5.	
А. вопратку	В. калідор
Б. гасцёўню	Г. прыхожую
Пытанне 6.	
А. знаходзіцца кухня	В. знаходзіцца пакой
Б. знаходзіцца ванна і туалет	Г. знаходзіцца невялікі калідор
Пытанне 7.	
А. усе любяць есці	В. госці любяць танцаваць, і ім трэба многа месца
Б. у госці прыязджаюць бабуля і дзядуля, яны хутка стамляюцца	Г. бацькі Міхася – бедныя людзі
Пытанне 8.	
А. там жывуць людзі, якія любяць адно аднаго	В. у кватэры жыве многа людзей
Б. дом мае тоўстыя сцены	Г. з ім жывуць бабуля і дзядуля

В. Паслухайце тэкст яшчэ раз. Раскажыце пра сваю кватэру.

 5.12

А. Паслухайце рэкламныя тэксты (1, 2, 3).

МОДУЛЬ 5 ДОМ, КВАТЭРА. У гасцях добра, а дома лепш.
家、房子：金窝银窝，不如自己的土窝

Б. Каму з гэтых людзей цікавая першая, другая ці трэцяя рэклама?

А. Валянцін.

Я ўжо дзесяць гадоў працую ў Кітаі. Мне вельмі падабаецца жыць і працаваць у гэтай краіне. Я хачу купіць невялікую кватэру ў Сіяні. У Мінску я маю вялікую кватэру ў цэнтры. У гэтай кватэры зараз ніхто не жыве.

Б. Зося.

Мае бацькі гавораць, што я не прыбіраю ў сваім пакоі, што я гучна слухаю музыку, позна кладуся спаць. Я больш не хачу гэта чуць. Я ўжо дарослая, скончыла ўніверсітэт і працую ў камп'ютарнай фірме.

В. Яніна.

Я не працую, бо ў мяне маленькія дзеці: дачцэ тры гады, а сыну адзін год. Я гуляю з дзецьмі ў парку, туды можна ехаць на метро. Гэта складана рабіць з дзецьмі. Мой муж бізнесмен, яму таксама трэба адпачываць пасля працы. Я думаю, што дом каля лесу – гэта правільнае рашэнне для нашай сям'і.

А	Б	В

СЛУХАЕМ ПЕСНЮ

🎧 5.13

А. Паслухайце песню. Якая гэта песня: вясёлая або сумная, хуткая або павольная? Яна вам падабаецца?

Б. Як вы думаеце, пра што гэтая песня?

Песня пра Мінск

Словы Ігнація Панкевіча

Музыка Уладзіміра Алоўнікава

Краса беларускага краю

І творчае думкі ўзлет,

Табе сваю _____складаю,

Мой _____герой-патрыёт.

Прыпеў:

Хай удалеч песня мчыцца

_____дарагой,

Ты спявай, _____,

Родны сэрцу горад мой.

І _____ твае, і бульвары

_____я вячэрняй парой.

Паўсюль закаханыя пары

І шэпат, і смех _____.

Тваёй ганаруся _____славай,

І рады я шчырай душой,

МОДУЛЬ 5　ДОМ, КВАТЭРА. У гасцях добра, а дома лепш.
家、房子：金窝银窝，不如自己的土窝

　　Што ў _____ красе велічавай
　　Ёсць доля і _____маёй.

ЦІКАВА ВЕДАЦЬ!

Мінск — сталіца і найбуйнейшы горад Беларусі, у горадзе цячэ рака Свіслач. Упершыню згадваецца ў летапісе ў 1067 годзе. У 1921 годзе стаў сталіцай Беларускай Савецкай Сацыялістычнай рэспублікі (БССР). У Другую сусветную вайну горад моцна зруйнаваны, пазней атрымаў званне горада-героя. З 1991 года Мінск – сталіца незалежнай Беларусі. Большасць даследчыкаў лічыць, што назва горада ўтварылася ад назвы ракі Менкі, на якой ён быў першапачаткова заснаваны. Тлумачаць назву «Менка» паходжаннем або ад літоўскіх слоў «малая, дробная рыба», або ад славянскага дзеяслова «мяняць», што магло быць звязана з развітым гандлем.

明斯克市是白俄罗斯的首都和最大的城市，斯维斯洛奇河穿城而过。明斯克最早见于1067年的编年史，1921年成为白俄罗斯苏维埃社会主义共和国的首都。第二次世界大战期间，明斯克市受到严重损毁，后被授予英雄城的称号。自1991年起，明斯克市成为独立的白俄罗斯的首都。大部分学者认为，明斯克这一市名来源于明卡河，因为城市最初建在明卡河畔。一般认为，"明卡"一词或起源于立陶宛语，意思是"小鱼"，或起源于斯拉夫语的动词"交换"，这与当时这里发达的贸易有关。

Пра што новае вы даведаліся ў гэтым модулі? Якія новыя словы вывучылі?

МОДУЛЬ 6

СВЯТЫ, ГОСЦІ. Госці ў хату – гаспадар багаты.

圣人、客人：家中有客，主人富足

МОДУЛЬ 6   СВЯТЫ, ГОСЦІ. Госці ў хату – гаспадар багаты.
圣人、客人：家中有客，主人富足

СЛУХАЕМ І ЎСПАМІНАЕМ

🎧 6.1

Слухайце словы. Паўтарайце за дыктарам толькі словы тэмы "Свята". Не паўтарайце словы тэмы "Вучэбны дзень". Запішыце словы тэмы "Свята".

_____
_____
_____

🎧 6.2

Паслухайце пытанні. Напішыце да іх адказы.

1. _____
2. _____
3. _____
4. _____
5. _____
6. _____

СЛУХАЕМ І ЧУЕМ

🎧 6.3

Паслухайце словы. Што вы чуеце? Падкрэсліце тое, што вы чуеце.

1. Прыйшлі госці – прыйшлі ў госці
2. Ты ведаеш мяне – дзве даеш мне

3. Госць у доме – госць не ў доме

4. Частуйцеся самі – частуй ці сядзь з намі

5. Гасцей няма – госці і мама

6. Праходзь і сядай – праходзьце далей

7. Справы дома – справа Тома

8. Добрая вячэра – добра я вечарам

9. Падарунак табе – падару не табе

 6.4

Паслухайце словы. Напішыце, у якім склоне словы, якія вы пачулі. (1, 2, 3, 4, 5, 6)

1. падарунак	2. госць	3. вячэра
4. свята	5. фестываль	6. торт
7. цукеркі	8. пажаданне	9. запрашэнне
10. віншаванне	11. сустрэча	12. стол

 6.5

Паслухайце сказы. Вы чуеце тое, што напісана або не?

		ТАК	НЕ
1	Мы гаворым мала пра свята.		
2	Віншую з нараджэннем сына.		
3	Вось магу ў сакавіку на свята жанчын.		
4	А Яна ведае, калі будзе Купалле.		
5	Хлопцы і дзяўчаты пелі і танцавалі.		
6	Маленькія падарункі купіў.		
7	Я хачу бачыць кітайскае традыцыйнае свята ліхтароў.		
8	У Алесі сёння Дзень нараджэння.		
9	Свята кітайскага Новага года называюць "Залаты дзень".		

МОДУЛЬ 6 СВЯТЫ, ГОСЦІ. Госці ў хату – гаспадар багаты.
圣人、客人：家中有客，主人富足

 6.6

Паслухайце сказы. Колькі ў іх слоў?

1	2	3	4	5	6	7	8

СЛУХАЕМ ДЫЯЛОГІ

 6.7

Дыялог 1. З найлепшымі пажаданнямі!

А. Суаднясіце словы і выразы з іх значэннем.

	Словы і выразы		Значэнне, тлумачэнне
А	Мая мара апошніх гадоў.	1	Цяпер я разумею.
Б	Жонка перадае прывітанне.	2	Я здзіўлены.
В	Ого!	3	Адзін раз.
Г	Аднойчы.	4	Я вельмі хацела гэтага.
Д	Зашавяліцца.	5	Не трэба дзякаваць, няма за што.
Е	Дык вось у чым справа!	6	Жонка жадае шчасця.
Ж	Ну што вы!	7	Пачаць рухацца.

А	Б	В	Г	Д	Е	Ж

Б. Паслухайце дыялог 1.

В. Адкажыце на пытанні.

1. Хто размаўляе? _____
2. Пра што яны размаўляюць? _____
3. Жанчына рада? _____
4. Мужчына здзіўлены? _____
5. Як назвалі дзіця? _____

Г. Паслухайце дыялог яшчэ раз. Дапішыце сказы. Выкарыстоўвайце "словы для даведкі". Словы можна паўтараць.

словы для даведкі
павіншаваць, бабуля, нарадзіцца, мара, унук, прывітанне, здароўе, назваць, сустракаць, імя, дзіця, продкі, традыцыі, зашавялілася, цікава, здаровы, чалавек, віншаванне, справа

Го Дэмін	Добры дзень, Лідзія Паўлаўна!
Лідзія Паўлаўна	Добры дзень, Го Дэмін!
Го Дэмін	Лідзія Паўлаўна, _____?
Лідзія Паўлаўна	З чым?
Го Дэмін	Здаецца, вы _____. У вашай дачкі _____?
Лідзія Паўлаўна	Так, гэта _____, мы _____. Вялікі дзякуй.
Го Дэмін	Мая жонка _____ і таксама _____ Святлане і яе сынку. А вы ўжо вырашылі, як _____? У нас, у Кітаі, хлопчыка _____, каб імя дапамагала яму працягваць сямейныя традыцыі і бізнес.
Лідзія Паўлаўна	Дзеці ўжо выбралі імя. Хочуць назваць Гедымін.
Го Дэмін	Ого! Я ніколі не сустракаў _____ _____ _____. Праўда, яно падобнае да майго імя і прозвішча. Гедымін – Го Дэмін.
Лідзія Паўлаўна	Так, сапраўды, ого. Але, можна сказаць, што ўнучак сам выбраў сваё імя.

МОДУЛЬ 6   СВЯТЫ, ГОСЦІ. Госці ў хату – гаспадар багаты.
圣人、客人：家中有客，主人富足

Го Дэмін	Як гэта?
Лідзія Паўлаўна	Дачка заўсёды хацела даць _____, звязанае з беларускай гісторыяй. Аднойчы яны з мужам чыталі _____, і калі прагучала імя Гедымін, дзіця _____ ў жываце дачкі. Так што мы, дзядуля і бабуля, ужо даўно пачалі яго зваць – Вялікі князь Гедымін.
Го Дэмін	_____! Гэта вельмі _____ _____. Я жадаю, каб Гедымін рос _____ _____.
Лідзія Паўлаўна	Галоўнае, _____. Дзякуй вам, Го Дэмін, _____!
Го Дэмін	_____! Мне вельмі _____ _____.

Д. ТАК ці НЕ?

		ТАК	НЕ
1	У Лідзіі Паўлаўны нарадзіўся сын.		
2	Бацькі ўжо вырашылі, як назваць дзіця.		
3	Го Дэмін таксама хоча назваць свайго сына Гедымінам.		
4	Маленькі хлопчык сам сказаў, як яго завуць.		
5	Мара Лідзіі Паўлаўны стаць бабуляй.		
6	Унук Лідзіі Паўлаўны – Вялікі князь.		
7	Гедымін – вельмі папулярнае мужчынскае імя ў Беларусі		

Е. Вы даведаліся, што ў вашых знаёмых нарадзілася дзіця. Раскажыце пра гэта сваёй сяброўцы ці сябру.

6.8

Дыялог 2. Жураўліная песня восені.

А. Суаднясіце словы і выразы з іх значэннем.

	Словы і выразы		Значэнне, тлумачэнне
А	Ну, нарэшце!	1	Не адказваў.
Б	Не здымаў тэлефон.	2	Тэлефон не працаваў.
В	Не меў сувязі.	3	Свята прыроды.
Г	Экалагічны фестываль.	4	Чалавек будзе шчаслівы.
Д	Чалавеку будзе шчасціць.	5	Маленькая птушка.
Е	Сініца	6	Я даўно цябе чакала.
Ж	Шматразовая бутэлька для вады.	7	У бутэльку можна наліваць ваду многа разоў.

А	Б	В	Г	Д	Е	Ж

Б. Паглядзіце на малюнкі і напішыце пераклад слоў на кітайскую мову.

| Журавель | | |
| Журавіны | | |

МОДУЛЬ 6　СВЯТЫ, ГОСЦІ. Госці ў хату – гаспадар багаты.
圣人、客人：家中有客，主人富足

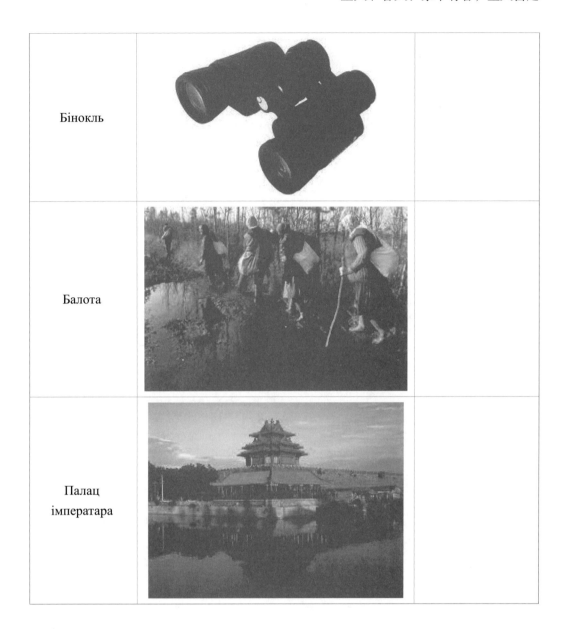

В. Паслухайце дыялог 2.

天上的仙鹤不如手中的家雀。

Сініца ў руцэ лепшая за жураўля ў небе.

Журавіны ў цукры – адзін з любімых ласункаў беларусаў.

МОДУЛЬ 6   СВЯТЫ, ГОСЦІ. Госці ў хату – гаспадар багаты.
圣人、客人：家中有客，主人富足

Г. Адкажыце на пытанні.

1. Хто размаўляе? _____

2. Дзе ён быў? _____

3. Што ён там рабіў? _____

4. Што ён падарыў? _____

5. Чаму гэта сучасна і экалагічна? _____

Д. Паслухайце дыялог 2 яшчэ раз. Чые гэта рэплікі, Шэнлі ці Галіны?

		Дзе??? На Палессі???
		Ого! Вітаю! Чакаеш мяне? Спецыяльна стаіш каля дзвярэй? А дзе феерверк? Дзе кветкі?
		Так, я думаю, што ты маеш рацыю.
		Дзе быў? Дэтэктыў, усё хочаш ведаць! У мяне ёсць свае таямніцы!
		Шчыры дзякуй, шматразовая бутэлька для вады – гэта вельмі сучасна і экалагічна.
		Ты ж ведаеш, што на Палессі многа балот. А на балоце жывуць журавы. Падчас фестывалю можна было паназіраць за імі ў бінокль.
		О, так! Смачныя ягады, але кіслыя. А яны так называюцца таму, што іх любяць журавы?

Е. Цяпер пастаўце рэплікі ў правільным парадку.

Ё. ТАК або НЕ?

		ТАК	НЕ
1	Галіна забыла купіць кветкі для Шэнлі.		
2	Шэнлі не ведаў, што Галіна тэлефанавала яму.		
3	Галіна ведае пра фестываль "Жураўлі і журавіны".		
4	Шэнлі каштаваў журавоў, але яны вельмі кіслыя.		
5	Кітайскія мастакі часта малююць жураўля.		
6	Ніхто ніколі не бачыў, як танцуюць журавы.		
7	Падарункі Шэнлі спадабаліся Галіне.		

Ж. Раскажыце пра кітайскае нацыянальнае свята.

 6.9

Дыялог 3. Дзяржаўнае свята.

А. Суаднясіце словы і выразы з іх значэннем.

	Словы і выразы		Значэнне, тлумачэнне
А	Першамай	1	У мінулым годзе
Б	Міжнародная салідарнасць працоўных	2	Ёсць у календары дзяржаўных свят
В	Адзначаць свята	3	Не гэта адно, а яшчэ нешта.
Г	Летась	4	Святкаваць
Д	Не толькі	5	Дакумент аб хваробе
Е	Афіцыйна адзначаюць свята	6	Так і ёсць, без сумнення
Ж	Дзіва што!	7	Сама магу ўбачыць
З	Бальнічны	8	Працоўныя дапамагаюць адно аднаму
І	Дамагліся	9	Атрымалі магчымасць
К	Убачыць на свае вочы	10	Першага мая

МОДУЛЬ 6   СВЯТЫ, ГОСЦІ. Госці ў хату – гаспадар багаты.
圣人、客人：家中有客，主人富足

А	Б	В	Г	Д	Е	Ж	З	І	К

Б. Паслухайце дыялог 3.

В. Адкажыце на пытанні.

1. Колькі чалавек размаўляе? _____

2. Што яны абмяркоўваюць? _____

3. Дзе яны знаходзяцца? _____

4. Што можна рабіць на Свята працы ў Мінску? _____
   _____

5. Колькі часу працягваецца Свята працы? _____

Г. Паслухайце дыялог 3 яшчэ раз. Запоўніце пропускі ў сказах.

Журналіст	Сёння першага мая, _____. У Беларусі – гэта дзяржаўнае свята. _____. Першага мая (Свята працы, Дзень працы, Свята Вясны і Працы, Дзень міжнароднай салідарнасці працоўных) _____ адзначаюць 89 краін па ўсім свеце. Мы выйшлі на святочныя вуліцы Мінска, каб спытаць у людзей, як яны адзначаюць _____. Спадар, прабачце, раскажыце слухачам нашага радыё, як вы адзначаеце сённяшняе свята.
Міхась	Добры дзень. Мяне завуць Міхась. Я прыйшоў у парк з сынам. Бачыце, тут расказваюць _____ _____. Я хачу пазнаёміць з імі свайго сына. Рабочыя прафесіі _____. Я расказаў сыну гісторыю гэтага свята. А яшчэ тут можна пакатацца на атракцыёнах і паесці чаго-небудзь смачнага.
Журналіст	Гэта вельмі правільна. Сёння многія маладыя людзі не ведаюць, што васьмігадзіннага _____, _____ перапынку, водпуску і _____ рабочыя _____ толькі ў канцы XIX стагоддзя. Дзякуй вам, спадар Міхась. А як вы, спадарыня, адзначаеце Свята працы?
Крысціна	Я ўдзячная _____ за доўгія выхадныя — паеду адпачываць у Кіеў. Летась _____ я была ў Германіі. На _____ праходзілі дэманстрацыі і вулічныя святы, сабралася каля 20 тысяч чалавек. Ёсць там яшчэ адна _____: халастыя мужчыны саджаюць маленькія бярозы — яны называюць іх «майскімі дрэвамі» — каля дамоў незамужніх жанчын.
Журналіст	Я бачу _____. Цікава, што яны думаюць пра _____.
Джу	У _____ першага мая таксама _____ _____. Мы не працуем тры дні. Мы сустракаемся з сябрамі, гуляем па горадзе. На вуліцах гучыць музыка. А яшчэ ў крамах зніжкі на розныя тавары. Мы заўсёды з сябрамі ідзём у гандлёвы цэнтр. Так што, можна сказаць, што _____.
Ніколь	У _____ таксама _____. Зараз гэта _____, а прыгожае вясновае свята. Я рада _____, як адзначаюць Першамай у Беларусі. А яшчэ першага мая ў Францыі – дзень ландыша. _____ прадаюць усюды, дораць адно аднаму. Гавораць, ландыш _____.
Міхаэла	А ў нас, у Чэхіі _____, а яшчэ і Дзень закаханых.

МОДУЛЬ 6   СВЯТЫ, ГОСЦІ. Госці ў хату – гаспадар багаты.
圣人、客人：家中有客，主人富足

Журналіст	Трэба _____ сваім каханым? Як на 14 лютага, на Дзень Святога Валянціна дораць сардэчкі-валянцінкі?
Міхаэла	Не! Трэба цалавацца. Але абавязкова пад дрэвам чарэшні. Гэтыя _____ _____ цвітуць якраз _____. Тады ўвесь год _____.
Журналіст	Надвор'е ў сталіцы сёння выдатнае. _____, гулянні ў парках і на вуліцах будуць працягвацца да позняга вечара. Сапраўдны працаўнік умее і працаваць, і адпачываць. А заўтра _____.

Д. ТАК або НЕ?

		ТАК	НЕ
1	Першага мая адзначаюць ва ўсім свеце.		
2	Пытанні людзям на вуліцы задае супрацоўнік беларускага радыё.		
3	Міхась хоча, каб сын ведаў пра рабочыя прафесіі.		
4	Крысціна была ў Германіі і пасадзіла там «майскае дрэва».		
5	Свята працы ў Кітаі адзначаюць тры дні, каб людзі маглі купіць у крамах усё.		
6	Джу думае, што Свята працы ў Кітаі падобнае да Свята працы ў Беларусі.		
7	У Францыі Першага мая людзі дораць кветкі адно аднаму.		
8	У Чэхіі першага мая адзначаюць Дзень закаханых, а не Дзень працы.		
9	У Чэхіі закаханыя цалуюць дрэвы.		
10	У Беларусі другога мая – працоўны дзень.		

Е. Прыдумайце свой дыялог на тэму дзяржаўнага свята, якое адзначаюць у Кітаі.

СЛУХАЕМ І РАЗМАЎЛЯЕМ

6.10

А. Вы прыехалі ў Беларусь, каб убачыць свята Купалле. Паслухайце праграму свята. Запоўніце пропускі.

час	месца
_____	Цырымонія адкрыцця свята
Шостага ліпеня ў 15.30	Конкурс "_____"
Днём _____ ліпеня	Фестываль фарбаў
Сёмага _____ ў _____.	Старт квэсту "У пошуках _____ _____"
Сёмага _____ а _____ гадзіне	Канцэрт творчых калектываў з Беларусі, Расіі, Украіны, Польшчы, Літвы, Латвіі, Эстоніі, Германіі.
_____ ліпеня а палове на дзясятую	Канцэрт "Зроблена ў " _____
_____._____	Маладзёжная _____ "Купальская ноч"
_____ ліпеня а _____ гадзіне	Экскурсійны маршрут
Дзявятага_____ ў _____.	Конкурс на лепшы купальскі _____ "Купаліш і Купалінка"
_____.	Лазернае шоу

Б. Паглядзіце інфармацыю афішы "Свята Купалле "Александрыя збірае сяброў". Удакладніце інфармацыю. Задайце пытанні свайму сябру. Выкарыстоўвайце словы: "Прабачце", "Выбачайце", "Даруйце", "Ці магу я даведацца", "Падкажыце, калі ласка".

МОДУЛЬ 6   СВЯТЫ, ГОСЦІ. Госці ў хату – гаспадар багаты.
圣人、客人：家中有客，主人富足

Галоўныя мерапрыемствы свята Купалле ("Александрыя збірае сяброў") 6-7 ліпеня.

Праграма артыстаў Беларускага дзяржаўнага цырка "Свята цырка ў Александрыі" (6 ліпеня з 16.00 да 21.00, 7 ліпеня - з 11.00 да 17.00).

6 ліпеня

🎵 Малая канцэртная пляцоўка

🕐 14.00-15.30
канцэрт творчых калектываў краін-удзельніц "Суквецце талентаў"

🕐 18.00-18.30
цырымонія адкрыцця рэспубліканскага свята "Купалле"

🎵 Канцэртная пляцоўка народнай творчасці і творчасці маладых

 15.30-17.00
конкурсная праграма "Міс Купалінка"

🎵 Галоўная канцэртная пляцоўка

🕐 21.30-23.00
гала-канцэрт "Зроблена ў Беларусі". Асновай праграмы стануць песні групы Aura з альбома "Куточак Беларусі" ў жывым выкананні. У канцэрце таксама прымуць удзел Аляксандр Саладуха, Леў Лешчанка, Ціна Караль

7 ліпеня

🎵 Малая канцэртная пляцоўка

 00.00-03.00
маладзёжная дыскатэка

Галоўная канцэртная пляцоўка

 14.00-15.20
канцэрт Анатоля Ярмоленкі і ансамбля "Сябры"

🎵 Канцэртная пляцоўка народнай творчасці і творчасці маладых

 11.00-14.00
майстар-класы па масажы, мылаварэнні, паранні ў лазні, рэлакс-тэрапіі, вегетарыянскім харчаванні, арганізацыі актыўнага адпачынку

🕐 14.15-15.20
фестываль фарбаў

Галоўныя мерапрыемствы свята "Купалле"
("Александрыя збірае сяброў") 7-8 ліпеня

7 ліпеня

 Малая канцэртная пляцоўка

🕐 14.00-15.30
канцэрт творчых калектываў краін-удзельніц (Беларусь, Латвія, Літва, Украіна, Расія, Польшча, Германія, Эстонія)

🕐 17.00-18.00
прэзентацыя II Еўрапейскіх гульняў 2019

🕐 15.30-15.45
старт квесту "У пошуках папараць-кветкі"

🕐 18.00-18.30
цырымонія адкрыцця рэспубліканскага свята "Купалле"

 Галоўная канцэртная пляцоўка

🕐 21.30-23.00
гала-канцэрт "Малая радзіма" з удзелам Сяргея Трафімава (Расія), групы "Бліскучыя", Мікалая Гнацюка (Украіна) і Таісіі Павалій (Украіна)

8 ліпеня

 Малая канцэртная пляцоўка

🕐 00.00-03.00
маладзёжная дыскатэка "Купальская ноч"

 Галоўная канцэртная пляцоўка

🕐 19.00-23.00
канцэрт з удзелам Ціны Караль (Украіна), Івы Бабула (Украіна), Ленары Асманавай (Украіна)

Крыніца: Магілёўскі аблвыканкам.

МОДУЛЬ 6 СВЯТЫ, ГОСЦІ. Госці ў хату – гаспадар багаты.
圣人、客人：家中有客，主人富足

Галоўныя мерапрыемствы свята "Купалле" ("Александрыя збірае сяброў") 9-10 ліпеня.

 9 ліпеня

🕐 14.00-24.00
экскурсійны маршрут "Александрыйская вандроўка" з наведваннем тэматычных пляцовак, выставак, экспазіцый і іншых аб'ектаў свята;

"Друкарскі двор" - кожны жадаючы зможа ўбачыць, як выраблялася тады папера, як друкавалася кніга, і сваімі рукамі на макеце друкаванага станка XVI стагоддзя зрабіць афорт старонкі з Бібліі Ф.Скарыны.

Маладзёжная пляцоўка з дэманстрацыяй праектаў "Уладар сяла", "Вялікая Бард-рыбалка" і інш.

 Малая канцэртная пляцоўка

🕐 14.00-15.20
канцэрт "Александрыйскі карагод сяброў" (заслужаныя і народныя аматарскія калектывы рэгіёнаў Беларусі, Расіі, Украіны і Літвы)

🕐 15.20-16.10
конкурсная праграма сярод гледачоў на лепшы купальскі касцюм "Купаліш і Купалінка"

🕐 17.00-17.20
цырымонія адкрыцця рэспубліканскага свята "Купалле" ("Александрыя збірае сяброў")

🕐 19.30-20.10
дэманстрацыйныя палёты самалётаў і парашутыстаў ДТСААФ

 Цэнтральная канцэртная пляцоўка.

🕐 21.30-23.00
сучасная феерыя "Купальская казка" з удзелам зорак беларускай і замежнай эстрады, святочны феерверк

🕐 23.30-00.00
лазернае шоу

 10 ліпеня
Малая канцэртная пляцоўка

🕐 00.00-03.00
маладзёжная дыскатэка з удзелам груп "Цягні-Штурхай" і JazzCityBand і спявачкі Таісіі Паваліі

 Цэнтральная канцэртная пляцоўка

🕐 14.00-15.30
святочны канцэрт з удзелам Марыны Дзявятавай і Аляксандра Саладухі

Крыніца: Магілёўскі аблвыканкам.

В. Якое мерапрыемства вы хочаце наведаць больш за ўсё? Чаму?

6.11

🎧 **А.** Паглядзіце ўрывак перадачы "Дабраранак" (дыялог 1). Размаўляюць Лесік, Кася і Лёша

🎧 **Б.** Прачытайце пытанні. Выберыце правільны адказ А, Б, В, ці Г.

Пытанне 1. Кася сумная, бо …	
А. яшчэ не прачнулася	В. не адчувае, што сёння свята
Б. не хоча ісці ў школу	Г. не адзначае гэтае свята
Пытанне 2. Лесік віншуе ўсіх з …	
А. пачаткам навучальнага года	В. Днём нараджэння
Б. Новым годам	Г. Днём восені
Пытанне 3. Лесік любіць …	
А. атрымліваць падарункі	В. сустракаць Дзеда Мароза
Б. набываць новыя веды	Г. віншаваць усіх
Пытанне 4. Кася спрачаецца, яна лічыць, што…	
А. пачатак навучальнага года лепшы за Новы год	В. добра дарыць падарункі
Б. пачатак навучальнага года горшы за Новы год	Г. Дзед Мароз сёння можа прыйсці
Пытанне 5. Лёша гаворыць, што настаўніца…	
А. прыносіць падручнікі	В. расказвае цікавыя гісторыі
Б. прыносіць падарункі	Г. прыносіць прыгожыя кветкі
Пытанне 6. Кася пачала адчуваць атмасферу свята, бо..	
А. вакол упрыгожаныя ялінкі	В. усе ў карнавальных касцюмах
Б. вакол святочныя людзі	Г. вакол прыгожыя кветкі

МОДУЛЬ 6   СВЯТЫ, ГОСЦІ. Госці ў хату – гаспадар багаты.
圣人、客人：家中有客，主人富足

Пытанне 7. Лесік …	
А. не хоча сустрэцца з сябрамі	В. хоча ўбачыць, як усе змяніліся
Б. хоча працягу канікулаў	Г. не любіць доўгіх перапынкаў
Пытанне 8. Лесік зайздросціць першакласнікам, бо…	
А. яны прыгожа апранаюцца	В. яны паедуць у падарожжа
Б. ў іх пачынаецца новае жыццё	Г. ўсе іх будуць віншаваць

В. Ці памятаеце вы свой першы дзень у школе? Раскажыце пра свае ўражанні ад пачатку школьнага навучальнага года.

6.12

🎧 А. Паслухайце дыялог 4.

🎧 Б. Паслухайце пытанні. Выберыце правільны адказ А, Б, В, ці Г.

Пытанне 1.	
А. з Сібіры	В. з Венецыі
Б. з Афрыкі	Г. з Кітая
Пытанне 2.	
А. летам	В. вясной
Б. зімой	Г. восенню
Пытанне 3.	
А. бо ў Беларусі змяніўся візавы рэжым	В. бо хоча вучыць беларускую мову
Б. бо любіць наведваць гарадскія фестывалі	Г. бо любіць каштаваць новыя стравы
Пытанне 4.	
А. выступаюць артысты з Афрыкі	В. беларусы адзначаюць свята агню
Б. людзі сабраліся, каб паесці бліноў	Г. беларусы адзначаюць фестываль ліхтароў
Пытанне 5.	
А. бо хацеў пакаштаваць тварог	В. бо не любіць ні з курыцай, ні з вараннем
Б. бо толькі адзін блін яму прадалі	Г. бо ў яго мала грошай

Пытанне 6.	
А. Яну не спадабалася ў Мінску	В. Яну спадабалася ў Мінску
Б. Яну было няўтульна, таму яму не спадабалася ў Мінску	Г. Яну не спадабалася ў Мінску, бо горад невялікі

В. Паслухайце дыялог 4 яшчэ раз. Закончыце сказы. Выберыце для адказу дзеясловў з часціцай НЕ або без часціцы НЕ.

1. На маю думку, Яну (не) падабаецца ў Беларусі, бо ён гаворыць
_____

2. Я думаю, што Яну (не) цікава ў Беларусі, бо ён часта ўспамінае
_____

3. Па-мойму, Ян (не) хацеў прыехаць у Беларусь, бо ён гаворыць
_____

4. На мой погляд, Ян (не) любіць каштаваць новую ежу, бо
_____

СЛУХАЕМ І ПІШАМ

 6.13

А. Паслухайце тэкст.

МОДУЛЬ 6　СВЯТЫ, ГОСЦІ. Госці ў хату – гаспадар багаты.
圣人、客人：家中有客，主人富足

Б. Напішыце дыктант.

СЛУХАЕМ ПЕСНЮ

🎧 **6.14**

А. Паслухайце песню. Якая гэта песня: вясёлая або сумная, хуткая або павольная? Яна вам падабаецца?

Б. Як вы думаеце, пра што гэтая песня?

В. Паслухайце песню яшчэ раз. Запоўніце пропускі.

Словы Адама Русака

Музыка Ісака Любана

Бывайце здаровы,

_____,

А мы ўжо ж паедзем

_____.

У зялёнай дуброве

Мы начаваць будзем

І вашае ласкі

Вавек_____.

У вашай гасподзе

Шырокае поле,

Няхай жа _____

Цвіце ваша доля.

На _____ на вашых

Бурлілі каб воды,

Каб плавалі з крыкам

МОДУЛЬ 6   СВЯТЫ, ГОСЦІ. Госці ў хату – гаспадар багаты.
圣人、客人：家中有客，主人富足

Гусей карагоды.

Каб _____ ў полі
Трубою вілося,
Каб сала _____.
Кубламі вялося.
Штодзень _____.
Каб плавала шкварка,
Да ёй, калі трэба,
Вялася б і чарка.

Яшчэ _____.
Прыбытку ў хаце
Ні мала,
Штогод па дзіцяці.
Не будзем у крыўдзе
Яшчэ і за тое,
Калі пашанцуе –
На год і па двое.

Дарогу ж _____.
Да вас, ягамосці.
І _____.
Да _____.
Эй, хто на адведы,
Эй, хто на радзіны –
Вазіць караваі
Па дзве паўасміны.

ЦІКАВА ВЕДАЦЬ!

"Бывайце здаровы" (іншая назва: Бывайце здаровы, жывіце багата") – беларуская застольная песня на словы паэта Адама Русака. Верш «Бывайце здаровы!» быў напісаны ў 1936 годзе. Песня стала вельмі папулярнай. Многія думалі, што яна народная. Гэтай песняй заканчваюць канцэрты, яна гучыць за сталом простых людзей. Госці часта развітваюцца словамі: "Бывайце здаровы, жывіце багата!" У Кітаі быў выдадзены зборнік беларускіх песень у перакладзе на кітайскую мову. У ім ёсць і гэтая песня.

《祝您健康》（又名：《祝您健康，生活富足》）是一首由诗人阿达姆·卢萨克作词的白俄罗斯饮酒歌。诗歌《祝您健康》本身创作于1936年，由这首诗改编的歌曲在白俄罗斯非常流行。很多人认为这是一首民间歌曲。这首歌常被用来作为音乐会的闭幕曲，普通人也常在聚会宴席上传唱。客人们常借用这首歌的歌词"祝您健康，生活富足"来与主人告别。中国曾经出版了汉语版的白俄罗斯歌曲选集，其中就收录了这首歌曲。

Пра што новае вы даведаліся ў гэтым модулі? Якія новыя словы вывучылі?

МОДУЛЬ 7

ГОРАД, ТРАНСПАРТ. ПАДАРОЖЖЫ. "Добра быць у дарозе, якую сам сабе выбіраеш".
城市、交通、旅行：能走自己选的路真乃幸事

Якуб Колас

雅库布·克拉斯

МОДУЛЬ 7   ГОРАД, ТРАНСПАРТ. ПАДАРОЖЖЫ. "Добра быць у дарозе, якую сам сабе выбіраеш".
城市、交通、旅行：能走自己选的路真乃幸事

СЛУХАЕМ І ЎСПАМІНАЕМ

7.1

Слухайце словы. Паўтарайце за дыктарам толькі словы тэмы "Горад". Не паўтарайце словы тэмы "Адпачынак". Запішыце словы тэмы "Горад".

_____
_____
_____

7.2

Паслухайце пытанні. Напішыце да іх адказы.

1. _____
2. _____
3. _____
4. _____
5. _____
6. _____

СЛУХАЕМ І ЧУЕМ

7.3

Паслухайце словы. Што вы чуеце? Падкрэсліце тое, што вы чуеце.

1. Падземны пераход – пад зямлю праход

2. Любіць хлопца і фатаграфаваць –любавацца і фатаграфаваць

3. Прыгожыя пейзажы – прыгожы Саша

4. Дарога да вёскі – дорага да вёскі

5. Паветраны транспарт – паветра і транспарт

6. Адпачываць на моры – адпачываць – мара

7. Шматпавярховы дом – шмат паверхаў у доме

8. Карта краіны – карта Украіны

 7.4

Паслухайце словы. Які дзеяслоў вы чуеце? Падкрэсліце тое, што вы чуеце.

1. Сустракае – сустракаеш

2. Называе – называецца

3. Ехаць – едуць

4. Прыляцець – прыляціць

5. Любуецца – любуюцца

6. Падабаецца – падабаюцца

7. Купіла квіткі – купіў квіткі

8. Апранаюся – апранаешся

 7.5

Паслухайце сказы. Вы чуеце тое, што напісана або не?

		ТАК	НЕ
1	Мне падабаецца ездзіць на экскурсіі па Беларусі.		
2	Гэты музей вельмі папулярны ў турыстаў.		
3	Помнік Міколу Гусоўскаму знаходзіцца каля ўніверсітэта.		
4	Гэта не самая кароткая дарога да горада.		
5	Зімой ён не любіць падарожнічаць.		
6	Я люблю ехаць на машыне і на цягніку люблю.		

МОДУЛЬ 7   ГОРАД, ТРАНСПАРТ. ПАДАРОЖЖЫ. "Добра быць у дарозе, якую сам сабе выбіраеш".
城市、交通、旅行：能走自己选的路真乃幸事

（续表）

		ТАК	НЕ
7	З Полацка ў Мінск мы прыехалі позна ноччу.		
8	У Пекіне я буду жыць у Адэлі.		

 7.6

Паслухайце сказы. Колькі ў іх слоў?

1	2	3	4	5	6	7	8

СЛУХАЕМ ДЫЯЛОГІ

7.7

Дыялогі 1, 2. Па Мінску з даведнікам.

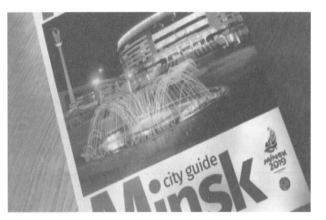

А. Суаднясіце словы і выразы з іх значэннем.

	Словы і выразы		Значэнне, тлумачэнне
А	віктарына	1	правінцыя, раён
Б	браць удзел	2	конкурс
В	выйграць	3	гуляць
Г	Ясна!	4	атрымаць перамогу
Д	экскурсійны даведнік	5	вядомыя месцы
Е	славутасці	6	удзельнічаць
Ж	шпацыраваць	7	кніга з інфармацыяй пра экскурсіі
З	вобласць	8	абавязкова, вядома

А	Б	В	Г	Д	Е	Ж	З

Б. Паслухайце дыялог 1 і дыялог 2.

В. Адкажыце на пытанні.

1. Хто размаўляе? _____

2. Пра што яны размаўляюць? _____

3. Юань рада? _____

4. Галіна здзіўлена? _____

5. Якая ўзнагарода за віктарыну? _____

Г. Паслухайце дыялогі яшчэ раз. Закончыце рэплікі. Вам дапамогуць ключавыя словы. Словы можна паўтараць.

> бярэш удзел, узнагарода, віктарына, экскурсійны даведнік, студэнты, выйграла, універсітэт, Беларусь, марыла, беларуская мова, славутасці, шпацыраваць, музей, вуліцы з хатамі, конкурс

МОДУЛЬ 7   ГОРАД, ТРАНСПАРТ. ПАДАРОЖЖЫ. "Добра быць у дарозе, якую сам сабе выбіраеш".
城市、交通、旅行：能走自己选的路真乃幸事

Дыялог 1.

Юань	Галя! Я ведаю, што вы рыхтуеце _____.
Галіна	Так. А ты, Юань, _____? Звычайна вы працуеце ў класе ці слухаеце лекцыі з прэзентацыямі. _____ яшчэ не было. Гэта будзе нешта новае! Мне цікава, _____.
Юань	Ясна, мы ўсе ідзём! Хачу выйграць! А _____?
Галіна	_____.

Дыялог 2.

Юань	Ура! _____!
Галіна	Адкуль ты ўсё ведаеш? Ты _____ і не гаварыла мне нічога?
Юань	Не, я ў Мінску першы раз. Але ты ж ведаеш, што я вывучала беларусістыку. Нашы беларускія выкладчыцы вельмі многа _____. Я яшчэ ў Кітаі палюбіла гэту краіну і _____ _____.
Галіна	Так, я ведаю, што ваша група прыехала з Сіяня і што вы _____ _____. Але я не думала, што ты так добра ведаеш _____. Нават многія мінчане не змогуць расказаць пра ўсё.
Юань	Дзякуй, Галя, гэта прыемныя словы. Я з сяброўкамі _____ _____. Мы фатаграфуемся. Усё тут новае і незвычайнае для мяне. А заўтра мы _____, у якім можна ўбачыць беларускія старыя дамы з дрэва. Яны называюцца хаты?
Галіна	Так, хаты. Гэта _____.
Юань	Як гэта, пад адкрытым небам?
Галіна	Гэта значыць, проста на вуліцы стаяць розныя дамы. Там цэлая вёска. Ёсць _____. Турысты могуць убачыць, як раней жылі людзі _____.

Д. Знайдзіце правільныя адказы на пытанні.

А	Пра што гаварылі Юань і Галіна?	1	Юань
Б	Адкуль Юань так многа ведае пра Мінск?	2	Турыстычны даведнік
В	Хто выйграў віктарыну?	3	У музей
Г	Якая была ўзнагарода?	4	Пра віктарыну
Д	Куды заўтра паедзе Юань?	5	У Сіянскім універсітэце замежных моў
Е	Дзе Юань вывучала беларускую мову?	6	Расказвалі выкладчыцы

	А	Б	В	Г	Д	Е

Е. Раскажыце пра славутасць Кітая свайму сябру ці сваёй сяброўцы.

 7.8

Дыялог 3. Юань усё ведае!

А. Суаднясіце словы і выразы з іх значэннем.

	Словы і выразы		Значэнне, тлумачэнне
А	шаноўнае спадарства!	1	мае сумную гісторыю
Б	звязана сумная гісторыя	2	ветлівы зварот да некалькіх людзей
В	захаваўся	3	ідзіце ўніз
Г	будынак Дома ўраду	4	па лесвіцы
Д	спускайцеся	5	такі, як быў раней
Е	па прыступках	6	тэрыторыя ўнутры ўніверсітэцкага кампуса
Ж	галоўны корпус універсітэта	7	дом, дзе працуе ўрад
З	унутраны дворык універсітэта	8	будынак універсітэта, дзе працуе рэктар

А	Б	В	Г	Д	Е	Ж	З

Б. Паслухайце дыялог 3.

МОДУЛЬ 7　　ГОРАД, ТРАНСПАРТ. ПАДАРОЖЖЫ. "Добра быць у дарозе, якую сам сабе выбіраеш".
城市、交通、旅行：能走自己选的路真乃幸事

В. Адкажыце на пытанні.

1. Хто размаўляе? _____
2. Дзе яны размаўляюць? _____
3. Што яны чуюць? _____
4. Дзе яшчэ звініць звон? _____
5. Чаму гід хоча ісці дадому? _____

Г. Паслухайце дыялог яшчэ раз. Чые гэта рэплікі, Юань ці гіда?

		А вы, спадар гід?
		О, я ведаю такую цудоўную беларускую песню "Каля Чырвонага касцёла на скрыпцы ты іграла сола…"
		Гэта копія звона з японскага горада Нагасакі, звон захаваўся, а горад быў разбураны ядзерным узрывам у 1945 годзе. Звон "Анёл" звоніць тут і ў Нагасакі штонядзелю 12 разоў апоўдні ў Мінску, у Нагасакі ў гэты час ужо сем вечара.
		А зараз спускайцеся па прыступках у падземны пераход, пераходзьце на другі бок плошчы. Там будынак галоўнага корпуса Беларускага дзяржаўнага ўніверсітэта. Заходзьце ў гэты будынак, па калідоры выйдзеце да ўнутранага дворыка. Там вельмі прыгожа і вы ўбачыце помнікі Францыску Скарыну, Міколу Гусоўскаму, Ефрасінні Полацкай…
		Добры дзень, шаноўнае спадарства! Мяне завуць Павал, я ваш экскурсавод па Мінску. Зараз мы знаходзімся на плошчы Незалежнасці. Вы бачыце прыгожы чырвоны будынак. Гэта …
		А я пайду дадому, бо спадарыня ўсё ведае…
		З гэтым касцёлам звязана вельмі цікавая, але сумная гісторыя. О! Чуеце? Гэта звоніць звон "Анёл".

Д. Цяпер пастаўце рэплікі ў правільным парадку.

Е. ТАК або НЕ?

		ТАК	НЕ
1	Павал – гэта гід.		
2	У Японіі ёсць таксама Чырвоны касцёл.		
3	Каб убачыць касцёл Сымона і Алены, трэба спусціцца ў падземны пераход.		
4	Дом ураду Беларусі знаходзіцца насупраць Чырвонага касцёла.		
5	Юань ведае гісторыю Чырвонага касцёла.		
6	Горад Нагасакі быў разбураны ўзрывам у 1945 годзе.		
7	Помнік Міколу Гусоўскаму знаходзіцца на плошчы Незалежнасці.		
8	Экскурсаводу падабаецца праводзіць экскурсію з сябрамі Юань.		

Ж. Раскажыце, якія славутасці Беларусі вы ведаеце?

 7.9

Дыялог 4. Падарожжа на прыроду.

МОДУЛЬ 7   ГОРАД, ТРАНСПАРТ. ПАДАРОЖЖЫ. "Добра быць у дарозе, якую сам сабе выбіраеш".
城市、交通、旅行：能走自己选的路真乃幸事

А. Суаднясіце словы і выразы з іх значэннем.

	Словы і выразы		Значэнне, тлумачэнне
А	падарожнічаць	1	што ты пра гэта думаеш?
Б	А як табе ідэя?	2	летняе часовае памяшканне, каб адпачываць або спаць, намёт
В	палатка	3	канец верасня – пачатак кастрычніка. Яшчэ цёпла, але не горача.
Г	смажыць мяса	4	ездзіць, хадзіць па розных цікавых месцах
Д	бабіна лета	5	я зраблю так, як ты сказала
Е	рамантычна	6	гатаваць мяса на агні
Ж	Ну добра, угаварыла	7	незвычайна, як у казцы

А	Б	В	Г	Д	Е	Ж

Б. Паслухайце дыялог 4.

В. Адкажыце на пытанні.

1. Хто размаўляе? _____

2. Дзе знаходзіцца Юань? _____

3. Што яны абмяркоўваюць? _____

4. Юань любіць адпачываць так, як Каця? _____

5. Юань паедзе з Кацяй? _____

Г. Паслухайце дыялог яшчэ раз. Запоўніце пропускі ў сказах.

Юань	Алё, слухаю.
Каця	Вітаю, Юань, _____? Я цябе дрэнна чую.
Юань	На _____.
Каця	Чаму ты _____? Ты кудысьці едзеш?
Юань	Не, _____, як даехаць да Гродна.
Каця	На выхадныя хочаш паехаць у Гродна? Адна?
Юань	Не, адна я не паеду. Яшчэ баюся так _____. Можа, разам паедзем?

Каця	Ну, не ведаю… У гарадах заўсёды ўсё аднолькавае. Я б _____ на Блакітныя азёры. Прырода, блакітная вада, рыба… Але не ў горад.
Юань	Але я ў Гродне ніколі не была. Яго яшчэ называюць "Каралеўскі горад". Я бачыла _____ вельмі прыгожыя фотаздымкі. Там ёсць каралеўскі палац і стары замак, вузкія вуліцы. Усё гэта так _____.
Каця	Але на Блакітных азёрах ты не была таксама! Гэта недалёка, 160 кіламетраў ад Мінска. Давай на гэтыя выхадныя паедзем на азёры, а на наступныя ў Гродна. Скажы, _____ – начаваць у кемпінгу?
Юань	А што гэта, я не разумею.
Каця	Кемпінг – гэта такое месца, дзе можна спыніцца на аўтамабілі і _____. Там ёсць электрычнасць, вада, туалет. Арцём возьме гітару. Будзем _____…
Юань	Ой, ведаеш, я не вельмі люблю такі _____, не люблю сядзець на зямлі, спаць на зямлі.
Каця	Ты, мабыць, _____? Будзе файная кампанія. Такое цудоўнае надвор'е, сапраўднае _____: сонца свеціць, яшчэ цёпла.
Юань	Ну добра, _____.

Д. ТАК або НЕ?

			ТАК	НЕ
1	Юань і Каця размаўляюць на чыгуначным вакзале.			
2	Юань цікавіцца беларускімі гарадамі.			
3	Каця любіць адпачываць не ў горадзе.			
4	Юань паедзе ў Гродна ў гэтыя выхадныя.			
5	Юань хоча паехаць у каралеўскі палац.			
6	Каця любіць спяваць песні.			
7	Юань не хоча ехаць на Блакітныя азёры, бо гэта далёка.			
8	Яны паедуць на Блакітныя азёры восенню.			

Е. Прыдумайце свой дыялог (12 рэплік) на тэму падарожжа. Куды вы хочаце паехаць і чаму, якім транспартам, дзе вы будзеце начаваць?

МОДУЛЬ 7   ГОРАД, ТРАНСПАРТ. ПАДАРОЖЖЫ. "Добра быць у дарозе, якую сам сабе выбіраеш".
城市、交通、旅行：能走自己选的路真乃幸事

СЛУХАЕМ І РАЗМАЎЛЯЕМ

 7.10

А. Падпішыце словы пад карцінкамі.

> Рака, сталіца, царква, вежа, скрыжаванне, замак, прыпынак, кіёск, помнік, мост, падземны пераход.

1. _____

2. _____

3. _____

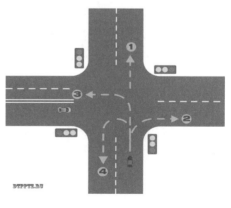

4. _____

5. _____

6. _____

7. _____

8. _____

9. _____

10. _____

11. _____

МОДУЛЬ 7   ГОРАД, ТРАНСПАРТ. ПАДАРОЖЖЫ. "Добра быць у дарозе, якую сам сабе выбіраеш".
城市、交通、旅行：能走自己选的路真乃幸事

Б. Паслухайце і закончыце сказы.

1	2	3	4	5	6
7	8	9	10	11	

7.11

А. Паслухайце тэкст 1.

Б. Паслухайце пытанні. Выберыце правільны адказ А, Б, В, або Г.

Пытанне 1.	
А. у Беларусі	В. вёсцы Скансэн, у Беларусі
Б. у Швецыі	Г. вёсцы Строчыцы, у Швецыі
Пытанне 2.	
А. музей, у якім можна ўбачыць старыя рэчы	В. музей пад адкрытым небам, у якім можна ўбачыць розных жывёл
Б. музей пад адкрытым небам, у якім можна ўбачыць розныя старыя дамы	Г. музей, у якім можна ўбачыць традыцыйную ежу
Пытанне 3.	
А. многа драўляных дамоў	В. ёсць школа, у якой вучацца дзеці
Б. жывуць старыя людзі	Г. турысты могуць жыць

Пытанне 4.	
А. бо там можна паесці	В. бо там можна сустрэць сваю бабулю
Б. бо там можна ўбачыць як раней жылі ў беларускай вёсцы	Г. бо музей знаходзіцца блізка ад Мінска
Пытанне 5.	
А. бо тут быў старажытны Менск	В. бо тут старыя дарогі
Б. бо тут многа крыжоў	Г. бо адсюль блізка да Балтыйскага і Чорнага мора
Пытанне 6.	
А. музей не працуе	В. турысты прымаюць удзел у гульнях, песнях і танцах
Б. турыстаў апранаюць у беларускія нацыянальныя строі	Г. турысты могуць адпачыць у хатах
Пытанне 7.	
А. з лістапада па красавік	В. увесь год аднолькава
Б. з мая па кастрычнік	Г. з мая па кастрычнік даўжэй на 2 гадзіны, чым з лістапада па красавік
Пытанне 8.	
А. на машыне, а потым на аўтобусе	В. толькі метро
Б. на метро, а потым на аўтобусе	Г. толькі на аўтобусе

В. Паслухайце тэкст яшчэ раз. Раскажыце пра музей у вашым горадзе або ў краіне.

 7.12

А. Паслухайце дыялогі (1, 2, 3).

МОДУЛЬ 7   ГОРАД, ТРАНСПАРТ. ПАДАРОЖЖЫ. "Добра быць у дарозе, якую сам сабе выбіраеш".
城市、交通、旅行：能走自己选的路真乃幸事

Б. Дзе гэтыя людзі размаўляюць? Хто гэта гаворыць?

А. Мяне завуць Станіслаў. Я прыехаў з Польшчы на машыне. Мая бабуля нарадзілася ў Беларусі, а потым пераехала ў Польшчу. Там яна пазнаёмілася з маім дзядулем. Яны пажаніліся. Я хачу паказаць маім дзецям вёску, дзе вырасла іх прабабуля. Вось зараз мы пройдзем пагранічны, а потым мытны кантроль і праз гадзіну прыедзем у вёску Дзятлава.

Б. Мяне завуць Лон, а маю жонку Чжан. Мы прыехалі з Кітая. Я буду працаваць у індустрыяльным парку "Вялікі камень". Я атрымаў гэтую працу, бо добра ведаю беларускую і рускую мовы. Зараз мы ў цэнтры  Мінска. Мы гуляем па праспекце Незалежнасці. Я хачу паказаць Чжан Чырвоны касцёл, але я не ведаю, як да яго дайсці ад Кастрычніцкай плошчы. Я бачу вельмі прыемную жанчыну, думаю, што яна мінчанка. Трэба спытацца ў яе.

В. Мяне завуць Алеся. Я жыву і вучуся ў Мінску. У маёй сяброўкі з Гомеля заўтра Дзень нараджэння. Я хачу зрабіць ёй сюрпрыз. Купіла падарунак і паеду ў Гомель, каб яе павіншаваць.

СЛУХАЕМ ПЕСНЮ

7.13

А. Паслухайце песню. Якая гэта песня: вясёлая або сумная, хуткая або павольная? Яна вам падабаецца?

Б. Як вы думаеце, пра што гэтая песня?

В. Паслухайце песню яшчэ раз. Запоўніце пропускі.

Каля Чырвонага касцёла

Музыка Леаніда Захлеўнага
Словы Леаніда Пранчака
Спявае Валер Дайнэка

Згараў цудоўны _____,
Лісты кружыліся наўкола,
А я стаяў у задуменні
Каля _____…

Шумела _____неўгамонна,
Нібы не ведала, не знала,
Што дабрадзейная _____
Мяне з табой благаслаўляла.

Каля _____…
На флейце ты _____сола.
І покуль _____гучала, —

МОДУЛЬ 7   ГОРАД, ТРАНСПАРТ. ПАДАРОЖЖЫ. "Добра быць у дарозе, якую сам сабе выбіраеш".
城市、交通、旅行：能走自己选的路真乃幸事

Яна мяне з табой вянчала.

І сэрца грукацела звонам,

І ад пяшчоты замірала,

І _____ боскага Сымона

Усмешка радасці кранала.

Плылі аблокі нізка-нізка,

Нібы самотныя _____.

Было да Бога блізка-блізка,

Як да _____!

Г. Выберыце правільны адказ.

1	Гэта песня …	А) вясёлая Б) сумная В) страшная
2	Герой быў каля касцёла …	А) восенню Б) вясной В) летам
3	Каля касцёла …	А) нікога не было Б) іграў аркестр В) плошча, па якой ездзяць машыны і ходзяць людзі.
4	Дзяўчына …	А) іграла на скрыпцы Б) іграла на флейце песню "Сола". В) іграла на флейце адна.
5	Герой хоча …	А) ажаніцца з дзяўчынай Б) слухаць іншую музыку В) ісці ў касцёл.
6	Юань (заданне 7.8) добра ведае словы гэтай песні?	А) так, ведае добра Б) ведае толькі прыпеў В) не добра ведае

1	2	3	4	5	6

ЦІКАВА ВЕДАЦЬ!

Чырвоны касцёл, або касцёл Святых Сымона і Алены, з'яўляецца візітнай карткай Мінска. Сучасны Мінск немагчыма сёння ўявіць без гэтага будынка.

У пачатку XX стагоддзя ў Еўропе шмат людзей хварэла і памірала ад вірусу, які назвалі "іспанка", бо ён пачаўся з Іспаніі. Сям'я Вайніловічаў была вельмі багатая. У сям'і раслі цудоўныя дзеці — Сымон і Алена. Нечакана дзеці адно за адным захварэлі на іспанку, а ў той час не было яшчэ лекаў ад гэтай хваробы. Першым памёр чатырнаццацігадовы Сымон, а праз нейкі час захварэла і Алена — таленавітая мастачка, гонар бацькоў.

红教堂，又称圣西蒙和海伦教堂，是明斯克的一张名片。今天，人们提到现代明斯克，就不可能不提红教堂。

20世纪初，欧洲很多人感染了被称为"西班牙流行性感冒"的病毒并因病去世，该病毒因始发于西班牙而得名。瓦伊尼罗维奇家是当时非常富有的家族，家里有两个出色的孩子，一个名叫西蒙（谢苗），一个名叫海伦（叶莲娜）。两个孩子相继染上了西班牙流感病毒，可是当时还没有能够有效治疗这种病毒的药物。14岁的西蒙首先因病去世，而后，极具绘画天赋、令父母非常骄傲的海伦也感染了。据说，有一天圣母出现在了海伦的梦中。圣母说，她无法赐予海伦健康，但可以帮助海伦的父母承担痛苦，条件是海伦的父母要用自

МОДУЛЬ 7   ГОРАД, ТРАНСПАРТ. ПАДАРОЖЖЫ. "Добра быць у дарозе, якую сам сабе выбіраеш".
城市、交通、旅行：能走自己选的路真乃幸事

Расказваюць, што аднойчы ў сне да Алены прыходзіла Маці Божая. Яна сказала, што не можа даць ёй здароўя, але дапаможа яе бацькам перажыць гора. Трэба, каб яны ўсё сваё багацце аддалі на будаўніцтва касцёла з чырвонай цэглы, з чырвонымі сценамі і чырвоным дахам, бо чырвоны колер — колер радасці. Гэты касцёл будзе для бацькоў радасцю, бо там, у касцёле, яны будуць адчуваць сваіх дзяцей і іхнія душы змогуць сустракацца. І Алена ўбачыла будынак з чырвонай цэглы. Назаўтра Алена намалявала ўбачаны ў сне касцёл і памерла. Ёй было 19 гадоў.

Эдвард Вайніловіч і яго жонка Алімпія ў памяць пра сваіх памерлых дзяцей пабудавалі Чырвоны касцёл. Ён атрымаўся такім, якім убачыўся Алене ў сне, бо Вайніловіч сказаў: ніхто не можа змяніць яго праект. Хутка пабудавалі сцены з незвычайнай чырвонай цэглы. І вось у лістападзе 1910 года ўвесь горад убачыў новы касцёл. Назвалі яго ў гонар Сымона і Алены. Ён мае тры вежы, дзве аднолькавыя – у гонар Алены і ў гонар Сымона.

己所有的财富来修建一座红墙、红顶的红砖教堂，因为红色是快乐的颜色。这座教堂将使海伦父母感到快乐，因为他们能在教堂附近感受到自己的孩子，并和他们的灵魂相见。海伦梦见了这座红砖建筑的样子，并在第二天将梦中的教堂画了出来，随后便去世了，终年19岁。

爱德华·瓦伊尼罗维奇和他的妻子奥林匹亚为了纪念自己故去的孩子便修建了这座红教堂。教堂完全按照海伦梦中的样子修建。瓦伊尼罗维奇曾要求任何人不能改变修建方案。用特别的红砖修建的红墙很快就立起来了，到1910年11月，全市的人都见到了这座新建的教堂。教堂用西蒙和海伦命名。教堂中有三座塔，其中两个一样的塔正是为了分别纪念海伦和西蒙。

Пра што новае вы даведаліся ў гэтым модулі? Якія новыя словы вывучылі?

МОДУЛЬ 8

ЗНЕШНАСЦЬ. ЗДАРОЎЕ. Па адзенні сустракаюць – па розуме выпраўляюць. Было б здароўе, а ўсё астатняе прыбудзе.

外貌与健康：始于颜值，终于才华

有健康才有一切

МОДУЛЬ 8. ЗНЕШНАСЦЬ. ЗДАРОЎЕ. Па адзенні сустракаюць – па розуме выпраўляюць. Было б здароўе, а ўсё астатняе прыбудзе.
外貌与健康：始于颜值，终于才华　有健康才有一切

听录音请扫
二维码

СЛУХАЕМ І ЎСПАМІНАЕМ

8.1

Паўтарайце за дыктарам толькі словы тэмы "Твар". Не паўтарайце словы тэмы "Цела чалавека". Запішыце словы тэмы "Твар".

_____
_____
_____

8.2

Паслухайце пытанні. Напішыце да іх адказы.

1. _____
2. _____
3. _____
4. _____
5. _____
6. _____

СЛУХАЕМ І ЧУЕМ

 8.3

Паслухайце словы. Што вы чуеце? Падкрэсліце тое, што вы чуеце.

1. Ці вочы яго зялёныя – дзявочыя зялёныя
2. Цуды даеш – цудоўна выглядаеш
3. Прыгожыя валасы – прыгожыя насы

135

4. Хваробу трэба лячыць – хворы, бо трэба лячыць

5. П'юць гарачую ваду – піць гарачую ваду

6. Дзеці здаровыя – дзе тое здароўе

7. Баляць вочы – баляць ноччу

8. Ты б займаўся спортам – трэба займацца спортам

 8.4

Паслухайце словы. Вы чуеце назоўнік у адзіночным ці ў множным ліку? Запішыце толькі назоўнікі множнага ліку.

_____

_____

 8.5

Паслухайце сказы. Вы чуеце тое, што напісана або не?

		ТАК	НЕ
1	Мне падабаецца займацца спортам на стадыёне.		
2	Мой сябар дрэнна сябе адчувае, ён захварэў.		
3	Ён мае высокую тэмпературу, трэба выклікаць доктара.		
4	Гэта самыя лепшыя лекі.		
5	Мне баліць зуб, але я баюся ісці да ўрача.		
6	Мне падабаюцца доўгія валасы і кароткія падабаюцца.		
7	Калі ты не захварэў, трэба ісці на заняткі.		
8	Дзеці гулялі на вуліцы, а цяпер мыюць рукі.		

 8.6

Паслухайце сказы. Колькі ў іх слоў?

1	2	3	4	5	6	7	8	9	10

МОДУЛЬ 8. ЗНЕШНАСЦЬ. ЗДАРОЎЕ. Па адзенні сустракаюць – па розуме выпраўляюць.
Было б здароўе, а ўсё астатняе прыбудзе.
外貌与健康：始于颜值，终于才华 有健康才有一切

СЛУХАЕМ ДЫЯЛОГІ

 8.7

Дыялог 1. На вечарынцы.

А. Суаднясіце словы і выразы з іх значэннем.

	Словы і выразы		*Значэнне, тлумачэнне*
А	Рада, што ты прыйшла да нас на вечарынку!	1	Тая высокая дзяўчына з доўгімі нагамі.
Б	Мікола працуе фатографам, ён вельмі творчы чалавек.	2	Раней у яе былі чорныя валасы, цяпер у яе белыя валасы.
В	Тая высокая даўганогая дзяўчына.	3	Выдатна, што ты прыйшла да нас на вячэрнюю сустрэчу з сябрамі!
Г	Вельмі сур'ёзны і справядлівы кіраўнік.	4	Прыгожая, не поўная дзяўчына.
Д	Раней яна была брунэткай, а зараз бландынка.	5	Мікола працуе фатографам, ён заўсёды мае многа цікавых ідэй.
Е	Прыгожая зграбная дзяўчына.	6	Тыя хлопец і дзяўчына за столікам ля акна – мае сябры.
Ж	Тая пара за столікам ля акна – мае сябры.	7	Вельмі сур'ёзны кіраўнік, які заўсёды ўсё робіць па праўдзе.

А	**Б**	**В**	**Г**	**Д**	**Е**	**Ж**

Б. Паслухайце дыялог 1.

В. Адкажыце на пытанні.

1. Хто размаўляе? _____

2. Пра каго яны размаўляюць? _____

3. Вера рада? _____

4. Андрусь здзіўлены? _____

5. Вера замужам? _____

Г. Паслухайце дыялогі яшчэ раз. Закончыце рэплікі. Вам дапамогуць ключавыя словы. Словы можна паўтараць.

> хацела, даўганогая, джынсах, сур'ёзны, паразмаўляць, прывітанне, фатографам, прыйшла, сукенцы, даўно, маімі сябрамі, працуе, тая пара, белай

Алена	Вера, _____ !
Вера	Прывітанне, дарагая! Выдатна, што ты _____ да нас на вечарынку!
Алена	Я не _____ ісці, бо нікога тут не ведаю.
Вера	Не хвалюйся! Цяпер я табе пра ўсіх усё раскажу і пазнаёмлю з _____. Бачыш, таго хлопца з доўгімі чорнымі валасамі – гэта Мікола, ён працуе _____, вельмі творчы чалавек. Мы працуем разам. Тая высокая _____ дзяўчына – Вераніка. А гэта дырэктар нашай фірмы. Вельмі _____ і справядлівы кіраўнік. Любіць парадак. Мы з Веранікай сяброўкі з дзяцінства. за столікам ля акна – мае сябры. Мы вучыліся разам з Ганнай. Раней яна была брунэткай, а зараз бландынка. Бачыш, да іх зараз падышла прыгожая зграбная дзяўчына ў чорнай _____ – гэта сястра майго мужа.

МОДУЛЬ 8. ЗНЕШНАСЦЬ. ЗДАРОЎЕ. Па адзенні сустракаюць – па розуме выпраўляюць.
Было б здароўе, а ўсё астатняе прыбудзе.
外貌与健康：始于颜值，终于才华 有健康才有一切

Алена	А хто гэты малады чалавек?
Вера	Хлопец у _____ і _____ цішотцы – Андрусь. Добры хлопец! Не жанаты! Андрусь, прывітанне!
Андрусь	Вітаю, Вера! Рады бачыць!
Вера	Знаёмся, гэта Алена, мая лепшая сяброўка. Яна _____ ў турыстычнай фірме "Неатур".
Андрусь	Вельмі прыемна! Ого! Я таксама працаваў у гэтай фірме, але гэта было _____.
Вера	Выдатна! Значыць, вам ёсць пра што _____. Пайду сустрэну іншых гасцей. Не сумуйце!

Д. Знайдзіце правільныя адказы на пытанні.

А	Дзе адбываецца вечарынка?	1	Так, падабаецца.
Б	Кім працуе Мікола?	2	Белага колеру.
В	Веры падабаецца ейны дырэктар?	3	У кавярні.
Г	Як завуць Верыну сяброўку дзяцінства?	4	У джынсы і белую цішотку.
Д	Якога колеру валасы ў Ганны зараз?	5	Фатографам.
Е	У што апрануты Андрусь?	6	У турыстычнай фірме.
Ж	Дзе раней працаваў Андрусь?	7	Вераніка.

А	Б	В	Г	Д	Е	Ж

Е. Раскажыце, як выглядаюць вашы сябры.

8.8

Дыялог 2. Будзьце здаровыя!

А. Суаднясіце словы і выразы з іх значэннем.

	Словы і выразы		Значэнне, тлумачэнне
А	Трэба вывучыць працу ўсяго арганізма.	1	Многае з таго, чым сёння карыстаецца кожны чалавек, упершыню зрабілі ў Кітаі.
Б	Парушыўся баланс паміж энергіямі Інь і Янь.	2	Здароўе залежыць ад правільнай працы ў целе пяці элементаў прыроды: дрэва, агню, зямлі, металу і вады.
В	Многае з таго, чым сёння карыстаецца кожны чалавек, было вынайдзена ў Кітаі.	3	Трэба вывучыць, як працуе ўсё цела.
Г	Здароўе залежыць ад правільнага ўзаемадзеяння ў целе пяці элементаў прыроды: дрэва, агню, зямлі, металу і вады.	4	І добра рабіць гэта заўсёды.
Д	Кіпень	5	Ёсць энергіі Інь і Янь, яны павінны быць аднолькавымі, тады яны ў балансе.
Е	І гэта добрая звычка.	6	Гарачая вада, тэмпературай 100º С.

А	Б	В	Г	Д	Е

Б. Паслухайце дыялог 2.

В. Адкажыце на пытанні.

1. Хто размаўляе? _____

2. Пра што яны размаўляюць? _____

3. Якія праблемы ў Марыі? _____

МОДУЛЬ 8. ЗНЕШНАСЦЬ. ЗДАРОЎЕ. Па адзенні сустракаюць – па розуме выпраўляюць.
Было б здароўе, а ўсё астатняе прыбудзе.
外貌与健康：始于颜值，终于才华 有健康才有一切

4. Што галоўнае ў кітайскай традыцыйнай медыцыне? _____
_____

5. Чаму Марыі часта баліць галава? _____

Г. Паслухайце дыялог яшчэ раз. Чые гэта рэплікі, Марыі ці Чжан Цзін?

		На працы няма абедзеннага перапынку, таму я хутка ем які-небудзь фаст-фуд за пятнаццаць хвілін.
		Як цікава! Я ведаю, што Кітай – гэта краіна з багатай гісторыяй і старажытнай культурай. Многае з таго, чым сёння карыстаецца кожны чалавек, было вынайдзена ў Кітаі. Раскажы, калі ласка, пра кітайскую традыцыйную медыцыну.
		Дзякуй! Я пастараюся паспрабаваць.
		Здароўе залежыць ад правільнага ўзаемадзеяння ў целе пяці элементаў прыроды: дрэва, агню, зямлі, металу і вады. Яшчэ вельмі важны баланс Інь і Янь – цёмнага і светлага, жаночага і мужчынскага, вільготнага і сухога. Калі баланс парушаецца, будуць праблемы са здароўем. Вельмі важна, як ты жывеш: што робіш, пра што думаеш.
		Я думаю, гэта правільная парада. Ёсць два падыходы да ўласнага здароўя. Першы – звярнуцца да доктара, калі вам нешта баліць. Такі шлях самы просты і хуткі: прыйшлі, прынялі лекі, стала лягчэй, жывяце далей. У нас, у Кітаі, часта выбіраюць іншы падыход. Трэба вывучыць працу ўсяго арганізма. Па-мойму, у тваім арганізме парушыўся баланс паміж энергіямі Інь і Янь.
		Ну…я ўстаю, звычайна, а сёмай гадзіне, снедаю.
		Нічога, толькі п'ю каву.
		А што мне можа параіць кітайская медыцына?
		А калі ты кладзешся спаць?
		Трэба есці правільную здаровую ежу, а таксама піць толькі цёплую ваду, іначай з цела будзе сыходзіць энергія. У нас старыя людзі ўсюды ходзяць з тэрмасам гарачай вады. Калі падарожнічаюць, яны часта пытаюцца, дзе ім узяць кіпень, для іх гэта самае папулярнае слова. І гэта добрая звычка, мы ніколі не п'ём ваду халоднай. Раскажы мне пра свой звычайны дзень.

			Каля дзвюх, раней не атрымліваецца! Гатую, мыю, прыбіраю – у мяне двое дзяцей!
			Гэта дрэнна! А калі ты абедаеш?
			Гэта першая прычына галаўнога болю. Шэсць раніцы – лепшы час, каб прачнуцца і ўстаць з ложка, прыняць душ. У дзесяць вечара трэба рыхтаваць сябе да сну: пачытаць, паглядзець тэлевізар і супакоіцца. А што ты ясі на сняданак?
			Марыя, як тваё здароўе? Ты апошнім часам выглядаеш стомленай.
			Вось другая прычына – стомленасць! Твайму арганізму не хапае ежы. Еш некалькі разоў на дзень і не фаст-фуд, а садавіну і гародніну. Паспрабуй хаця б дзесяць дзён, ты ўбачыш, як усё зменіцца! А самае галоўнае: думай пра добрае, любі сябе і ўсіх, хто побач.
			О, Чжан Цзін, так, мне не вельмі добра. Я ўвесь час адчуваю сябе стомленай, дрэнна сплю! Яшчэ мне штодзень баліць галава. Я ўжо хадзіла да доктара. Ён сказаў, якія лекі мне трэба прымаць і параіў больш гуляць і адпачываць. Але ў мяне зусім няма часу: я працую, у мяне муж, дзеці…

Д. Цяпер пастаўце рэплікі ў правільным парадку.

Е. ТАК або НЕ?

		ТАК	НЕ
1	Марыя хворая, бо не адпачывае і есць няправільную ежу.		
2	Кітайская традыцыйная медыцына не адрозніваецца ад еўрапейскай медыцыны.		
3	Чжан Цзін згодная з парадамі доктара.		
4	Чжан Цзін лічыць, што Марыя павінна ўставаць раней.		
5	Марыя ўжо старая, і ёй трэба піць толькі гарачую ваду.		
6	Марыя кладзецца спаць вельмі позна.		
7	У целе чалавека ёсць пяць элементаў прыроды: дрэва, агонь, зямля, метал і вада.		
8	Марыя вельмі доўга абедае.		

МОДУЛЬ 8. ЗНЕШНАСЦЬ. ЗДАРОЎЕ. Па адзенні сустракаюць – па розуме выпраўляюць. Было б здароўе, а ўсё астатняе прыбудзе.
外貌与健康：始于颜值，终于才华　有健康才有一切

Ж. Раскажыце, што выведаеце пра традыцыйную кітайскую медыцыну?

8.9

Дыялог 3. Да вясны будзем прыгожыя!

А. Паслухайце дыялог 3.

Б. Адкажыце на пытанні.

1. Хто размаўляе? _____
2. Пра што яны размаўляюць? _____
3. Якая Цінг? _____
4. Ці займалася Цінг спортам? _____
5. Што яны вырашылі? _____

В. Паслухайце дыялог яшчэ раз. Потым закончыце рэплікі. Выкарыстоўвайце ключавыя словы.

> Нічога, зграбная, кітаянка, для пахудзення, здаровай, спартыўныя клубы, разам

Цінг	Даша, ты бачыш гэты плакат? Якая _____!
Даша	Так, бачу! Гэта рэклама спартыўнага клуба. Заняткі фітнэсу. _____. Разумееш, Цінг?
Цінг	Не вельмі. Ніколі не хадзіла ў такія клубы.
Даша	Пазаймаўшыся, будзеш такая, як гэтая дзяўчына. Але _____ _____. І як вам гэта ўдаецца? Мабыць, вы проста. _____ Ці гэта такая ваша прырода?
Цінг	Так, _____ мусіць быць худой любым чынам.
Даша	Але _____. Спорт нам дапаможа. У мяне ёсць ідэя. Зробім сабе фітнэс самі. Прапаную займацца ў мяне, бо я маю шмат месца на падлозе. І магу быць трэнеркай.
Цінг	Ха-ха-ха! Я ўжо худая, а ты хочаш схуднець і будзеш трэнеркай?!
Даша	Ладна., _____ гледзячы заняткі па інтэрнэце. Згодная?
Цінг	Добра, толькі дзеля цябе, мая любімая сяброўка!

🎧 **Г. Паслухайце інструкцыі трэнеркі з інтэрнэту. Напішыце лічбы пад малюнкамі.**

А.	Б.	В.
Г.	Д.	Е.
Ж.	З.	І.

МОДУЛЬ 8. ЗНЕШНАСЦЬ. ЗДАРОЎЕ. Па адзенні сустракаюць – па розуме выпраўляюць. Было б здароўе, а ўсё астатняе прыбудзе.
外貌与健康：始于颜值，终于才华 有健康才有一切

СЛУХАЕМ І РАЗМАЎЛЯЕМ

 8.10

А. Паслухайце і скажыце, хто гаворыць і з кім хоча пазнаёміцца.

Галіна, 23 гады

Вольга, 26 гадоў

Сцяпан, 34 гады

Яўген, 25 гадоў

Б. Раскажыце пра сябе. Як вы выглядаеце, што вы любіце і што не любіце.

8.11

А. Паслухайце і скажыце, пра каго яны гавораць.

 Дыялог 1.

    А   Б   В

 Дыялог 2.

    А   Б   В

 Дыялог 3.

    А   Б   В

МОДУЛЬ 8. ЗНЕШНАСЦЬ. ЗДАРОЎЕ. Па адзенні сустракаюць – па розуме выпраўляюць.
Было б здароўе, а ўсё астатняе прыбудзе.
外貌与健康：始于颜值，终于才华　有健康才有一切

Дыялог 4.

А   Б   В

Б. Як выглядае ваш сябар, ваша сяброўка, вашы бацькі?

В. Апішыце свайго аднагрупніка, хай студэнты скажуць, пра каго вы гаворыце.

СЛУХАЕМ І РАЗУМЕЕМ

8.12

А. Суаднясіце словы і выразы з іх значэннем.

	Словы і выразы		*Значэнне, тлумачэнне*
А	Мой муж нахмурыўся.	1	Сын выглядае як дзед.
Б	Сяброўка спалохалася, нават збялела.	2	Мой муж стаў сур'ёзны, невясёлы, звёў бровы.
В	Сын – выліты дзед.	3	Вельмі шырокая ўсмешка.
Г	Сын упарты, як асёл.	4	Сын заўсёды робіць тое, што вырашыў.
Д	Усмешка – ад вуха да вуха.	5	Сяброўка спалохалася, нават твар яе стаў белым.

А	Б	В	Г	Д

🎧 **Б. Паслухайце тэкст.**

🎧 **В. Паслухайце пытанні. Выберыце правільны адказ А, Б, В, або Г.**

Пытанне 1.	
А. да мамы	В. да сяброўкі
Б. да бацькі	Г. да дзеда
Пытанне 2.	
А. бо ён заўсёды сур'ёзны	В. бо гэта быў жарт
Б. бо яму не падабаецца сяброўка жонкі	Г. бо ён не ведаў, хто бацька дзіцяці
Пытанне 3.	
А. бо яна не зразумела жарт	В. Бо яна баіцца дзяцей.
Б. бо яна баіцца мужа сяброўкі	Г. бо яна ведае, хто бацька дзіцяці
Пытанне 4.	
А. да сваёй мамы	В. да свайго дзеда
Б. да свайго бацькі	Г. да свайго мужа
Пытанне 5.	
А. чорныя	В. зялёныя
Б. блакітныя	Г. шэрыя
Пытанне 6.	
А. спакойны	В. сур'ёзны
Б. вясёлы	Г. павольны
Пытанне 7.	
А. светлага колеру	В. чорнага колеру
Б. рыжага колеру	Г. карычневага колеру
Пытанне 8.	
А. бо дзіця не падобнае ні да бацькі, ні да маці	В. бо дзіця падобнае толькі да бацькі
Б. бо дзіця падобнае толькі да маці	Г. бо дзіця мае кучаравыя валасы

МОДУЛЬ 8. ЗНЕШНАСЦЬ. ЗДАРОЎЕ. Па адзенні сустракаюць – па розуме выпраўляюць. Было б здароўе, а ўсё астатняе прыбудзе.
外貌与健康：始于颜值，终于才华　有健康才有一切

Г. Складзіце свае сказы па тэксце. Выкарыстоўвайце ключавыя словы.

сяброўка, дзядуля, зялёныя вочы, упарты, худы, брунэт бландынка, зграбная, тоўсты

СЛУХАЕМ І ПІШАМ

8.13

А. Паслухайце тэкст.

Б. Напішыце дыктант.

СЛУХАЕМ ПЕСНЮ

 8.14

А. Паслухайце песню. Якая гэта песня: вясёлая або сумная, хуткая або павольная? Яна вам падабаецца?

Б. Як вы думаеце, пра што гэтая песня?

В. Паслухайце песню яшчэ раз. Запоўніце пропускі.

Зачараваная

Словы Генадзя Бураўкіна

Музыка Ігара Лучанка

Патухаюць, цямнеюць высі.

_____ уcпыхваюць над сінявой.

Да _____ майго прыхініся

Залатою сваёй _____.

Чуеш вецер і чуеш вечар?

Чуеш, ціха бярозы рыпяць?

На твае худзенькія _____

Асыпае звон зарапад.

Гэта я з табой вечарую,

Туманамі цябе чарую.

Васількоў шапатлівай _____

Зачароўваю, зачароўваю.

Роснай сцежкаю, рэчкай ціхаю

Закалыхваю, закалыхваю...

І ад _____ няўмелых, нясмелых

Не схаваешся ты нідзе.

МОДУЛЬ 8. ЗНЕШНАСЦЬ. ЗДАРОЎЕ. Па адзенні сустракаюць – па розуме выпраўляюць.

Было б здароўе, а ўсё астатняе прыбудзе.

外貌与健康：始于颜值，终于才华 有健康才有一切

_____ твая яблыкам спелым

На _____ мае ўпадзе.

Ты шапнеш мне адчайныя _____,

Што шаптаў табе ўчора я,

Вечаровая,

зачараваная,

Закалыханая

_____.

ЦІКАВА ВЕДАЦЬ!

Генадзь Мікалаевіч Бураўкін (1936 — 2014) — беларускі дзяржаўны і грамадскі дзеяч, адзін з выбітных беларускіх паэтаў XX — пачатку XXI ст., лаўрэат Дзяржаўнай прэміі імя Янкі Купалы, якога яшчэ пры жыцці называлі народным паэтам.

根纳基·尼古拉耶维奇·布拉夫金（1936—2014）——白俄罗斯国家与社会活动家，白俄罗斯20—21世纪初著名诗人。

Пра што новае вы даведаліся ў гэтым модулі? Якія новыя словы вывучылі?

任课教师,可通过填写下方的"教师联系表",拍照发送至 pup_russian@163.co[m] 免费获取本教材教学课件:

教师联系表

教材名称	《白俄语视听说基础教程》					
姓名:		职务:		职称:		邮编:
通信地址:						
手机:		Email:		QQ:		微博:
任职学校:					/系(章)	
学校地址:						
教学科目与年级:					班级人数:	

地址:北京市海淀区成府路205号 北京大学出版社 外语编辑部
邮编:100871
咨询电话:010-62759634